私人教练职业发展理论与实践探索

张华英　张庆建　邱　斌　著

北京工业大学出版社

图书在版编目（CIP）数据

私人教练职业发展理论与实践探索 / 张华英，张庆建，邱斌著．— 北京 ：北京工业大学出版社，2021.9
ISBN 978-7-5639-8115-1

Ⅰ．①私… Ⅱ．①张… ②张… ③邱… Ⅲ．①健身运动—教练员—基本知识 Ⅳ．①G831.32

中国版本图书馆 CIP 数据核字（2021）第 203331 号

私人教练职业发展理论与实践探索

SIREN JIAOLIAN ZHIYE FAZHAN LILUN YU SHIJIAN TANSUO

著　　者：张华英　张庆建　邱　斌
责任编辑：刘卫珍
封面设计：知更壹点
出版发行：北京工业大学出版社
（北京市朝阳区平乐园 100 号　邮编：100124）
010-67391722（传真）　bgdcbs@sina.com
经销单位：全国各地新华书店
承印单位：涿州汇美亿浓印刷有限公司
开　　本：710 毫米 ×1000 毫米　1/16
印　　张：11.75
字　　数：235 千字
版　　次：2022 年10月第 1 版
印　　次：2022 年10月第 1 次印刷
标准书号：ISBN 978-7-5639-8115-1
定　　价：68.00 元

作者简介

张华英，女，1982年2月生，硕士学历，讲师。研究方向为体育人文、体育教学训练理论与方法。现任职于重庆邮电大学体育学院，主要从事体育教学与训练工作。共发表文章20余篇，参与编写专著和教材3部；主研省部级以上课题3项，主持校级教研、科研课题8项；以第一作者参加省部级以上论文科报会，荣获二等奖2项、三等奖4项。

张庆建，男，1965年9月生，重庆人。1986年毕业于成都体育学院，教授，重庆市政协委员。研究方向为体育人文、体育教学训练理论与方法。现任职于重庆邮电大学体育学院，主要从事体育教学与训练工作。共发表文章30余篇，其中在国内核心刊物上发表文章10篇；参与省部级以上课题5项；参与编写专著和教材7部。

邱斌，男，1971年9月生，硕士学历，副教授。现任重庆邮电大学体育学院大学体育教研部主任。主要研究方向为体育教学与传统民族体育养生。共出版教材2部，专著1部；主持市级教研课题1项，科研课题2项。

前　言

伴随我国健身行业的发展，在宏观上从政府规制角度和在微观上从体育理论研究者和现实体育市场主体的层面，都开始深入地思考我国健身产业所需的制度体系。提高健身产业发展速度、满足健身产业发展的制度需求、进一步优化健身产业结构、协调健身产业的整体发展等问题逐渐进入人们的视野。

与此同时，在科技飞速发展的今天，我国人民的生活水平不断提高、工作节奏不断加快，保持强健的体魄和健康的生活方式已越来越成为人们追求的目标，健身运动已成为人们生活中不可或缺的组成部分。同时，体育产业也随着我国的经济发展逐步走向成熟，越来越多的人经过高等教育或职业培训走进现代健身房，从事国民健身指导的服务工作。随着全民健身上升为国家战略，休闲健身成为人们的一种生活方式，同时对健身教练也提出了新的要求。

全书共五章。第一章为私人教练职业概述，主要阐述私人教练的定义、私人教练的角色定位、私人教练的职业现状等内容。第二章为私人教练的就业前景与健身市场拓展，主要阐述私人教练的就业前景、运动健身市场发展概述等内容。第三章为私人教练应当具备的素质，主要阐述私人教练必备的专业技能知识、私人教练必备的修养以及私人教练必备的市场营销技能等内容。第四章为私人教练职业发展，主要阐述私人教练的职业规范、私人教练职业当前的困境与瓶颈、私人教练的职业生涯规划等内容。第五章为私人教练职业发展的策略，主要阐述推进健身市场法制化进程、推广国家职业资格的应用；促进高校资源最大化利用，提高私人教练工作积极性等内容。

笔者在撰写本书的过程中，得到了许多专家学者的帮助和指导，参考了大量的学术文献，在此表示真诚的感谢。本书内容系统全面，论述条理清晰、深入浅出，但限于笔者水平，书中难免会有不足之处，希望广大同行批评指正。

目　　录

第一章　私人教练职业概述

本章主要从宏观角度对私人教练的职业进行了全面论述，其内容主要包含了私人教练的定义、私人教练的角色定位以及私人教练的职业现状。

第一节　私人教练的定义

一、教练的含义

世界上顶尖的网球选手、高尔夫选手以及其他运动员有哪些共同之处？除了都很成功、超级富有以外，每个人都有一个教练。

教练可以帮助他们：获得成功；从细节上改进技术，提升技巧；在重要赛事前安排战术；在充满竞争的世界里保持领先地位。

团队也需要有教练，即由专家来帮助特定的群体或团队成员。

教练在戏剧、演讲、音乐中也时常现身，帮助人们应对变化或者发展自己的事业。

教练在你心中也许是这样一个角色：他们头戴棒球帽，嚼着口香糖，满脸愁容，在边线外踱来踱去。但大部分的体育教练会有以下表现：关注提高运动员的表现；为运动员真心付出；经常说“我们”，而不是“你们”或是“他们”；不对个人或团体的表现有任何限制；身先士卒做表率；耐心地纠正个人表现的细节问题；在荣誉面前站在一旁让其他人获得荣誉；从各种情境和人群中获得知识。

教练的作用就是帮助客户做得比平时更好，在一定的时间里培养客户的技能和信心。这种效果不是一蹴而就的。

教练通常用以下的方式来思考和做事：一起行动而不是控制在手；分享知识而不是将知识据为己有；始终保持一个开放的状态供其他人来寻求帮助；与人打成一片，而不是保持距离；鼓励他人超越自我；一个合作伙伴的角色。

教练应做到以下几点：建立一个使人们得到平等对待的特殊关系；从失败和错误中吸取教训，当然也会从成功中获取经验；从行动中得到结果，而不仅仅是讲讲而已；通过分享技能、经验和价值观赋予其他人权力；计划一个长期的关系而不是一次性事件。

二、私人教练的含义

健身私人教练是近年来比较流行的一个健身词语，它的含义是一个教练对一个健身者进行一对一的指导，并根据不同人的生活习惯和需求，量身制订个性化的训练计划。私人教练会结合每个人自身的条件、力量和放松程度去安排训练计划，并引导客户有效地完成体适能练习。

国家体育总局社会体育指导中心出台的《健身私人教练培训管理工作规定》，将私人教练定义为：在现代健身俱乐部群众性健身消费和体能锻炼活动中从事健身健美指导、知识技能传授等活动的对雇主个人直接负责的健身指导人员。

健身私人教练的工作内容主要包含以下方面。

第一，为会员制订训练计划：通过询问和体测了解会员的锻炼史、病史和基本身体状态后，为其量身制订一份健康的训练计划。

第二，指导会员进行训练：通过私教课的形式对会员的训练进行指导与帮助，使其在科学、安全的条件下达到预期的训练目标。

第三，对会员的训练和日常饮食等进行跟踪记录，根据实际变化调整训练方案。

第四，为会员提供饮食咨询和健康咨询。

根据以上健身私人教练的定义和工作内容，可以这样界定健身私人教练的属性：健身私人教练存在于健身俱乐部中，与健身俱乐部形成雇佣关系，通过向健身俱乐部出售其劳动价值和向会员出售其健身知识与劳动服务来获取相应报酬的具有技术知识的服务人员。

健身私人教练将会成为人们建立健康生活方式的指引者，教会人们如何依靠自己的运动消耗过剩的热量，并以科学的训练方式、方法改善人们的健康状态和生活状态，使大众真正享受到高质量的生活。

第二节　私人教练的角色定位

一、私人教练角色

私人教练只是向人们展示如何使用器械并计算重复次数的日子已经一去不复返了。当前的私人教练往往身兼多职，扮演着不同的角色。

①信息收集者。通过使用健康史、生活方式问卷调查表、目标清单和求变意愿问卷，私人教练能收集一些必要的信息，帮助客户安全有效地实现预期目标。

②生活引导者。从初次见面开始到与客户合作的整个期间，私人教练可以使用开放性问题来帮助客户明确他们的目标，更好地了解他们面临的挑战，并提供解决这些挑战的解决方案。通过这种方式，私人教练成为改变客户生活的引导者。

③教师。许多健身者都有过这样的体会：花了很多钱去健身中心，累得汗流浃背，但是效果却并不明显，于是，过不多久就失去了运动的兴趣，白白浪费了时间和精力。造成这种情况的原因有许多，如健身场所不理想、运动方式不科学、制订计划不完善等。但如果客户拥有一个专业、细心、考虑周详的健身教练，他融入客户的整个健身生活中，随时提醒客户坚持有规律的健康运动，完成正确有效的动作练习，那么客户就能够快速有效地达成理想的目标。虽然帮助客户自己寻找答案能在他们改变的过程中发挥重要作用，但很多时候私人教练需要像一名教师一样教授客户一些知识，如健身、锻炼、营养和行为改变等。普通人往往没有接受过有关健康和健身的科学教育，或者更糟糕的是，他们接受的教育不正确。在这种情况下，私人教练需要提供基于研究的信息，这意味着私人教练必须随时关注最新研究。

④计划制订者。私人教练会结合每个人自身的条件、个人意愿去安排训练计划，并引导客户有效地完成练习。根据与客户初次见面收集的信息，私人教练会制订一个计划，指定锻炼的频率、强度、时间和类型，从而帮助客户实现目标。一个有经验的私人教练能够为训练者提供更完善、更系统的训练方法。整个训练过程是为个人量身设计的，而不是向 10 ～ 30 人的团体讲授的。如果练习者依照教练所制订的计划完成整个过程，并改变自己的饮食及生活习惯，那么，他就能够在练习期间获得成功。

⑤运动教育家。教授客户如何进行针对其制订的健身计划中的运动时，私人教练采用“边说边示范”的教学方法。告诉客户每种运动是什么以及它的作用，向客户展示如何运动；然后让客户练习，同时根据需要提供指导并纠正动作。

⑥啦啦队员。私人教练还要支持客户，鼓励他们突破自己。每个人在变得更加健康的过程中都将面临许多挑战。因此，客户需要知道有人在角落里为他们加油，不是评判他们，而是提供支持和指导，让他们努力改善自己的健康和体质。

私人教练集这些角色于一身，对想要改变健康和健身水平的每个人来说，私人教练是无价之宝。

二、确定并定义私人教练角色和类型

根据 2014 年国际健康、球拍类运动和体育俱乐部协会的报告，在美国约有 800 万人雇用私人教练；根据《2020 中国健身行业数据报告》统计，截至 2020 年 12 月份，我国健身教练从业人数约为 90 万，其中健身俱乐部教练 61.2 万，工作室教练 28.8 万。在健身俱乐部会员中，近 14% 的人雇用私人教练，并且大多数私人教练用户年龄为 18 ～ 44 岁。但是，这些统计数据并没有说明私人教练的工作地点以及与其合作的客户类型。事实上，私人教练的一大优点是可以在各种环境中对客户进行训练，并具有不同程度的控制和责任。

（一）为他人工作

虽然私人教练可以自己经营企业，但作为俱乐部员工有许多好处。私人教练可以在各种环境中进行训练，包括医疗导向的健身房、企业健身中心、非营利机构、私人训练工作室、商业健身中心和健身俱乐部等，这些环境都提供了独特的学习机会，有助于私人教练发展自身的职业生涯。俱乐部是最受私人教练欢迎的一种选择。具体来讲，最近关于健身行业趋势的报告表明，在俱乐部工作的私人教练中大部分是俱乐部员工，只有少部门是独立承包商。

1. 健身中心的类型

作为私人教练员工，工作的健身中心可能是医疗导向健身房、企业健身中心、非营利社区健身中心、学院或大学的体育馆、私人训练工作室、商业健身中心或健身俱乐部。

（1）医疗导向健身房

医疗导向健身房通常作为一个门诊训练设施，与医疗实践相结合，如医院、理疗室或减肥手术后的恢复中心。医疗导向健身房在设施规模、计划和设备方面各不相同。一些医疗导向健身房专注于自由重量器械、重锤拉力器、拉管，以及上半身和下半身测力计；另一些医疗导向健身房则看起来像一个小型的普通健身房。这些健身房的一个共同点是，它们的私人教练与客户的医生或理疗师密切合作，制订一个与客户的医疗需求直接相关的健身计划。

（2）企业健身中心

如今，企业健身和健康设施日益被视作一种实现可衡量的健康结果和投资回报的方法。据相关数据分析，在疾病预防和保健计划上每花 10 元，就可减少 32.7 元的医疗费用和 2173 元的缺勤费用。鉴于这些好处，许多企业现在为员工提供某种健身设施，如大部分机关、外企、大的国企、好的私企，为促进企业文化、员工福利，都设有一个健身中心，有一些简单的器械力量训练设施、舞蹈房等，会请专门的教练负责指导，如教授瑜伽、操舞、搏击、拳术等。在这些健身俱乐部中，私人教练可以找到一些工作，如教授小组课程、与员工一对一工作，以及管理健康计划等。

（3）非营利社区健身中心

《“健康中国 2030”规划纲要》指出：要普及健康生活，完善全民健身公共服务体系，统筹建设全民健身公共设施，加强健身步道、骑行道、全民健身中心、体育公园、社区多功能运动场等场地设施建设。

健身服务场所设施要求包含室外健身场地与器械和室内专业健身器械。室外健身设施多为公共的健身器材，包含腰部按摩器、上肢牵引器等器械，使用这类器械方便社区居民进行躯干与四肢的锻炼。室内专业健身器械与室外健身器材相比更加智能，如跑步机、四肢联动有氧健身器等，便于社区居民依据自身不同的身体情况，自主进行运动类型和强度的选择，完成健身活动。

目前，我国由于人口数量多，社区健身中心还处于起步建设阶段，目前基本能保障一个小区或者社区有一些简单的锻炼设施，好的大型社区可能配有相对完善的健身场所免费开放给群众使用，但在器械指导、场地器材维护、专职工作人员管理等方面还无法做到完全非营利的状态。在未来，随着经济的发展，国家基础设施投入力度的加大，出现非营利的社区健身中心亦会成为可能，其也会越来越成熟。

目前，非营利社区健身中心主要是以以下方式进行的：政府出钱购买服务，向企业招标，提供场馆建设、教练指导等，免费向社区群众开放。社区体育非营利组织是指主要在街道办事处辖区内，以联系、动员和组织社区居民参与健身娱乐活动为己任，不以营利为目的，为社区体育公益服务的非政府的社会组织。进入 20 世纪以来，我国社区体育非营利组织逐渐发展壮大，并成为社区居民参加健身娱乐活动的主要载体，但其整体发育不充分，组织建设滞后，目前仍是建设体育强国过程中的基础性薄弱环节。因此，有关社区体育非营利组织的研究受到人们越来越多的重视。

必要的场地设施、经费是社区体育非营利组织正常运行的基础条件，也是组织必然要面对和解决的问题。目前，尽管绝大多数的社区体育非营利组织能在固定的活动场地开展活动，但拥有专属活动场所的组织比例却非常少，更多的组织要依赖其他部门或组织提供活动场地，其中街道社区体育协会主要依赖街道办事处和社区居委会提供活动场所，一些体育行政部门也能为周边的社区协调活动场地。健身团队的活动场所来源较为多样，其中以街道居委会和城管部门提供的场所为主。微信体育群组织的活动场所一般不固定，它们大多就近选择 1 ～ 3 个正规且收费的体育场地，并采用预订的方式落实活动场地。因此，在场地资源获取方面，一方面他们有积极主动性，会通过多种渠道与方式与区域内拥有场地设施的单位或管理部门加强联系，以求得有相对稳定的活动场所。另一方面，又表现出高度的依赖性。

活动经费不足是社区体育非营利组织普遍遇到的问题，因而如何筹集资金便成为组织管理者面临的一大难题。不同类型、不同地区、不同组织的资金来源渠道存在较大的差异，但总的来看，街道社区体育协会的活动经费多源于街道办事处、居委会和辖区体育行政部门的拨款，其中以街道办事处拨款为主，也有部分地区采取向辖区企事业单位分摊的方法获取必要的经费。健身团队的日常活动经费主要源于会费，但数量不多，基本上用于支付电费或部分劳务费等，如果遇到参加大型比赛，则以成员分摊或寻求企事业单位和主办方的赞助解决费用问题。微信体育群组织基本上是参与者以 AA 制的形式共同分摊相关的活动费用的。综合各组织获取资源的总体情况看，其整体能力不足，组织资源缺乏。也正是由于这方面的原因，导致非营利社区健身中心的开展效果不理想。

随着全面健身运动的开展，国家体育总局于 2016 年印发了《县级全民健身中心项目实施办法》，该法规为解决非营利社区健身中心建设资金匮乏提供了一定的支持，该法规第五条指出："每个县级全民健身中心项目预算不超过 800 万元（不含征地、拆迁、补偿费用），由总局本级公益金全额支持。"此外，在该法规第六条中明确规定："支持县级全民健身中心项目建设的总局本级公益金纳入中央对地方转移支付管理体系，主要用于项目建筑安装工程施工、体育器材和设备购置等。"这些规定在无形中推动了非营利社区健身中心的发展，也为其城市试点工作的开展奠定了基础。

目前这种非营利社区健身中心已经在我国多个城市展开试点工作。经过几年的探索，政府购买公共服务“一买多赢”的特点已经显现——从百姓角度看，群众体育活动内容更丰富，选择范围更大了；从政府角度看，体育行政部门转变了工作职能，实现了向“小政府、大社会”的转变；而对于体育经营场所等社会力量而言，收获的不仅是经济效益，还有服务能力、水平以及社会影响力的提升。

（4）学院或大学的体育馆

随着高校体育设施的完善，国内部分高校利用体育馆的场地设施，开辟出一块封闭式场地作为健身房，它们通常是为学生、教师和其他员工设计的；其中一些设施还向当地社区成员开放。这些设施通常仅限于力量训练室、有氧器械以及团体练习；其他健身活动，如游泳和壁球等，通常由校园内的其他部门来管理。

大学健身房的员工通常是勤工俭学的学生或实习生。不在这所学校就读的私人教练也可能会被录用，但这并不是常事儿。但是，如果在这所学校就读，这种类型的设施可以为其提供一个很好的机会，让他们成为一名私人教练。

（5）私人训练工作室

私人训练工作室通常只提供私人训练，但有些工作室也会提供一些其他服务，如小组训练和军训式健身课程。大多数工作室的空间都比较小，提供的设备也比提供全方位服务的商业健身房要少，因为它们没有会员基础来承担使用更大面积和更多设备相关的高额管理费用。尽管工作室可能看起来像是私人教练工作的理想环境，但它也可能是获得新客户最具挑战性的环境之一，因为它吸引的人数很少，而且这些人还没有接触过私人训练。因此，如果私人教练想在这种环境中工作，就必须做好推销自己吸引社区客户的准备。

（6）商业健身中心或健身俱乐部

商业健身中心或健身俱乐部是最常见的健身环境类型，它们的形式和规模各异：一些商业俱乐部仅包括健身器械；一些商业俱乐部提供团体健身课程；还有一些商业俱乐部会提供篮球、壁球、网球或游泳等服务。由于这些商业健身中心或俱乐部的会员通常达到数百人甚至数千人，因此它们为私人教练提供了最大的受众群体，从而能够获得更多的客户。大型商业俱乐部也更有可能提供各种各样的设备和计划来帮助客户获得成功。

这些环境也给私人教练带来了一些挑战。例如：私人教练和团体健身计划竞争客户；一些俱乐部还向员工施压，要求他们销售某些产品，如营养补充剂等。此外，在繁忙的健身俱乐部，尤其是在黄金时段，训练场地会变得拥挤不堪，甚至出现无法使用想要的设备的情况，私人教练对此要能够适应。

2. 选择健身中心私人教练的优点

（1）接触的机会

为一家公司或组织工作可以让私人教练接触到各种各样的设备，私人教练可以和客户一起使用这些设备。私人教练也可以将俱乐部会员作为潜在的客户群。此外，这些客户往往是一个多元化的群体，这就为私人教练提供了与客户合作的机会。这种多样化的工作经验有助于确定私人教练在职业发展过程中想要关注的领域。在 2013 年，只有 14% 的美国俱乐部会员使用了私人训练服务，也就是说，86% 的俱乐部会员还没有尝试过私人训练。此外，据三体云动数据中心统计，截止到 2020 年 12 月，中国健身俱乐部门店数量为 44305 家（不含港澳台地区，不含所有类型的工作室），尽管比 2019 年的 49860 家下滑了 11.1%，但健身人口却增长了 3.19%，这说明中国的健身俱乐部市场仍然巨大，也说明国内私人教练仍有着较大的发展空间。

（2）责任保险

作为私人教练，企业需要签订职业责任保险。职业责任保险可以让私人教练免受专业过失诉讼，这些诉讼可能会毁了私人教练、健身中心或两者。当私人教练在健身中心工作时，健身中心的责任保险通常会涵盖私人教练。即便如此，为了防止俱乐部的保险不足，私人教练还是应谨慎地承担自己的责任保险，将此作为一项预防措施。幸运的是，这种保险很容易通过各种认证机构获得，并且价格不是很高，通常每年的费用在 1100 元到 2400 元之间。可以将此费用视为业务投资。

（3）教育和职业发展

私人教练要至少了解所选择的俱乐部如何为其客户创建计划以及俱乐部如何开展业务。私人教练也许不会认同他们的方式或理念，但私人教练总是能够找到一些价值，如了解俱乐部如何精心安排其服务产品。私人教练所学到的东西可以帮助其在职业生涯中前进。此外，许多俱乐部为它们的私人教练提供在职教育计划，教授组织技能，提供职业指导，并提供专业发展资金来帮助私人教练进行继续教育。

（4）团队合作

私人教练作为私人训练团队的一员，也为其他学习体验创造了机会，如工作观摩、同行讨论和指导。

（5）工资单与记账

由于私人教练是一名员工，因此，健身俱乐部将会处理与私人教练为公司所做工作相关的工资记账工作。这项服务给私人教练带来了巨大的好处，因为如果私人教练自己做的话，可能既复杂又耗时。

（6）安排帮助

当然，私人教练可以自己安排客户。但是，当私人教练在健身中心工作时，服务台人员或接待员可以查看私人教练是否空闲并为其预约客户。他们也会为相关服务收取款项。商业和宣传材料、办公用品等日常用品可能会侵蚀私人教练的时间和利润。大多数俱乐部都提供这些物品和宣传材料，如名片、传单、电子邮件地址和网络列表。

（7）制服

大多数健身俱乐部要求穿制服（如标准的职员衬衫），并且会免费提供制服。制服能让人快速确定私人教练的身份。私人教练应该在训练场地脱颖而出，尤其是当他们和客户合作的时候。想象一下，有 10 个私人教练和客户一起在地板上运动，这种私人教练和客户的聚集会让旁观者感觉他们错失了训练机会，换句话说，这是一种很好的促销手段。

（8）在职培训

健身俱乐部经常会指派新的私人教练在健身场地工作，免费为会员提供一般的健身指导，并帮助他们选择适当的练习和使用好的技术。这种类型的工作提供了很好的帮助私人教练培养人际交往能力的机会，通过展示练习和纠正技术上的缺陷，与那些很有可能成为私人教练客户的会员建立联系。

（9）职业成长

在俱乐部工作的大多数私人教练都有机会通过建立客户群，获得额外教育和获得资历来提升私人训练水平。如果愿意，私人教练还可以进入管理层。一些健身俱乐部会为私人教练提供全额医疗保险，但大多数俱乐部仅提供部分保险。最近的一份报告显示，71% 的俱乐部为它们的小时工（如私人教练）提供医疗保险，平均支付 63% 的保险费。这种保险支持可以为私人教练的薪酬方案提供大量的补充，尤其是在当前的医疗保健环境中。申请私人教练职位时，一定要询问这方面的情况。

（10）带薪休假

目前，国内私人教练主要就职于健身俱乐部和私人工作室，虽然私人教练是一个具有专业技术性的职业，但是其销售的性质并不少，可以说它就是一个销售的岗位，因此，其薪资构成大部分都是底薪 + 销售提成 + 课时费。最典型的情况是，如果私人教练不进行训练，就不会得到报酬。在招聘过程中，这可能是私人教练的谈判要点。

3. 选择健身中心私人教练的缺点

（1）非竞争性协议

健身俱乐部会遇到这样的问题：它们雇用的私人教练会建立一个客户群，然后在街角开一个工作室，把这些客户带到新公司。因此，许多俱乐部要求私人教练签署一份非竞争性协议。此类协议通常会限制私人教练在新地点训练现有客户、训练离俱乐部有一定距离的人，或者限制使用俱乐部开发的任何信息、程序或表格。

尽管非竞争性协议主要解决了私人教练离开俱乐部时可能发生的不正当竞争问题，但也可能会影响到仍在俱乐部工作的私人教练。如果私人教练所在的俱乐部会员基础太小，私人教练无法获得满意收益，那么私人教练可能需要在其他俱乐部或工作室寻找额外的工作来获取收入。这种状况经常出现在团体健身教练身上，也可能发生在私人教练身上。因此，这种可能性是在招聘过程中与俱乐部谈判的另一个要点。

（2）政策与程序

政策和程序是必要的，它们本身并无坏处。当私人教练不同意它们但仍然必须遵守它们时，它们可能是令人紧张的。当私人教练不同意某项政策或程序时，私人教练可以（并且也应该）向健身俱乐部管理者表达自身的忧虑，以便了解是否可以对其进行更改、修改或废除。在大型组织中，如多俱乐部连锁或特许经营店，很难改变政策或程序。例如，让私人教练考虑一下私人训练课程的预订，不断改进的预订软件意味着总有更好的程序可用，但是，这不是简单地切换到更新的软件包的问题，而是私人教练必须等到连锁店或特许经营店更改其所有位置的软件包后才能使用新的软件。证明软件更改的合理性并对所有地点进行软件更改可能是一个漫长而缓慢的过程。

（3）设置费用结构和付款

健身中心通常会为私人教练的服务设定标准费用，并规定私人教练所收取费用的百分比。俱乐部提供私人训练并聘请私人教练来赚取利润，并以一定比例（雇主认为公平的份额）补偿私人教练。这是俱乐部向私人教练提供好处的动机。当然，对于私人教练来说，必须确定俱乐部提供的比例是否公平和充足。在某些情况下，私人教练可能会认为可以对自身的服务收取更多的费用，而不是采用俱乐部目前的收费标准，这样私人教练和俱乐部就能赚更多的钱。如果是这样，那么私人教练应该与自己的主管进行协商。

（4）工作时间和班次

有些俱乐部非常严格，要求私人教练在某些班次或特定时间工作。它们还可能要求私人教练提供工作时间，这需要在训练场周围走动以根据需要帮助会员，提供免费的设备定位，清洁和整理设备，或执行私人教练可能认为不是他们想要做的其他任务。当然，与会员互动的机会可能会获得新客户，因此完成其他任务可能是值得的。

（5）训练方式

一些健身中心遵循与客户合作的固定方式。例如，它们可能要求私人教练执行某些评估，并且根据评估结果对客户进行特定的练习。当前，有很多地方使用这种方法。

（6）强制性会议

会议几乎总是强制性的。有时它们也是必要的，有教育意义和激励性的。在其他时候，它们只是一件苦差事。有许多会议，会上只是简单地重复已知的信息。强制性会议也可能要求私人教练在自己的私人时间或潜在的训练时间待在俱乐部里。

（7）向客户推销产品的要求

有时，一些俱乐部要求私人教练出售一定配额的各种物品，如营养补充剂等。对于许多私人教练来说，这一要求直接违背了他们为客户的最佳利益服务的愿望。

（8）报告

报告可以提供有用的信息。例如，可以提供私人教练与潜在的客户进行的初期会议次数以及承诺参加私人训练计划的个人的百分比。同时，数据收集可能需要做得更多。例如，关键绩效指标不应包括所有绩效指标，而应包括那些在建立业务方面产生最大差异的指标。然而，一些经理和管理者喜欢把所有的东西都记录下来，这就不必要地转移了私人教练的时间，把注意力从服务客户上转移开了。

（9）无法选择与谁合作

在大多数情况下，私人教练无法选择自己的同事，当与其认为难以相处的人一起工作时，私人教练可能会感到压力和恼怒。私人教练可能也无法选择所服务的客户。私人教练和客户之间的每一段关系都不是自由选择的。有时私人教练需要能够把客户交给另一个可能更适合的人。因此，在开设私人训练课程之前，私人教练最好找出一项关于拒绝或推荐客户的政策。

（10）制服

制服包含在福利清单中。然而，如果一件制服不能让私人教练感觉干净、时尚、专业，或者它不符合私人教练的个人风格，那么私人教练可能会不喜欢穿它。

（11）仔细思考

一些挑战可能是成败的因素，而另一些则可能对私人教练来说是微不足道的。对大多数人来说，许多的挑战似乎都微不足道，但有些对私人教练来说可能很重要。

（二）作为独立承包商工作

作为独立承包商，拥有自己的业务，可以最大限度地降低启动成本，并可以简单地将业务掌握在自己手中。私人教练能在以下各种环境中训练客户：雇用独立承包商的健身中心、自己的家、客户的家或办公室、户外空间，甚至是网络。

1. 决定成为自雇私人教练

自雇意味着所有的控制权和所有责任都在自己手中。为了成为自雇私人教练（以任何方式或形式），私人教练需要执行以下操作。

①创建企业结构。具体来说，决定企业是否会成为独资企业、合伙企业或公司形式的法人实体。

②承担责任保险。在没有责任保险的情况下，私人教练工作可能会危及企业的财务状况，甚至可能危及私人教练个人未来的财务状况。

③确定服务。私人教练会提供的服务种类，可能包括 30 分钟或 60 分钟的各种形式的课程，如一对一、小组和健身训练营。

④确定定价以及如何收款。此决定包含下列所有内容：私人教练在套餐中销售的课程数量，私人教练是否将通过每月结算接收付款，以及是否会提供在线支付的选择。

⑤学会推销和销售服务。私人教练的目标客户在哪里，以及哪些营销形式会得到最佳回复。营稍形式可能包括直接邮件、社交媒体和出席当地会议等。

⑥创建或获取业务表单。创建可持续的运营系统要求私人教练拥有正确的表单来开展业务并保留记录。

⑦在适当的时候雇用其他专业人员，包括簿记员和法律顾问。

⑧制订计划以发展业务。私人教练无论是需要获得资金还是获得其他知识，都要制订计划来完成任务，以免错过或忘记重要的细节。

当私人教练想从另一个企业的保护下走出来，自己掌控自己的时候，私人教练需要考虑一下可以工作的场所类型和方法。在 IDEA 健康与健身协会 2015 年进行的一项调查中，表明了健身专业人员的工作场所类型，以及每种场所的流行程度。大多数健身专业人员都在健身俱乐部和健身中心工作（见表 1-2-1），但此统计数据并不一定意味着所有私人教练应该在这种类型的环境中工作。例如，私人教练可能会认为自己喜欢在户外训练客户。

表 1-2-1　私人教练可能的工作场所

IDEA 调查受访者工作的健身中心类型	流行程度 /%
多功能健身俱乐部	16
健身俱乐部	15
企业健身中心	13
YMCA、YWCA	10
私人健身中心	9
客户的家	8
普拉提或瑜伽工作室	5
小组练习工作室	5
私人教练的家	4
学院或大学	4
公园或娱乐中心	3
没有健身中心，非现场课程	3
医院健身中心	3
户外环境（私人训练）	1
虚拟训练或指导	1

2. 不同工作场所的优缺点

（1）健身中心

1）优点

①私人教练可以使用各种器械，这样就可以将自己的开销保持在最低，因为私人教练不需要自己购买器械。

②私人教练可以将会员作为潜在客户来源。即使没有招募，私人教练也可以从会员中获得许多客户，因为他们有机会观察其与其他客户的合作。

③私人教练可以将此健身中心作为自身的基地，而不必从一个客户处转移到另一个客户处。

④私人教练可能会找到与其他独立私人教练联系的机会，这是与其他独立私人教练讨论业务的最佳实践。

2）缺点

①健身中心管理层向私人教练收取空间使用费用。

②在一些健身俱乐部，可能不允许私人教练向会员提供私人训练。这通常发生在本身有私人教练且不希望独立的私人教练侵蚀其潜在业务的俱乐部里。当然，这种限制大大降低了独立私人教练在健身中心工作的价值。因此，如果不允许私人教练在一个看似是私人教练业务最佳选择的健身中心中训练会员，那么私人教练将需要规划一个积极的外部网络和营销活动来定位潜在客户。

③在一些健身中心，客户向健身中心支付费用，然后健身中心会给私人教练工资。在这种情况下，记账中的任何差异都会造成私人教练和所在俱乐部之间的冲突。为了最大限度地降低私人教练的风险，其必须保留记录，以便私人教练知道俱乐部是否支付了正确的工资。

④根据健身中心的大小，私人教练可能会发现某些时间无法使用器械，要与客户一起使用的器械。在这种情况下，私人教练必须避开该时段或通过使用不太流行的器械发挥创意。

（2）客户的家

1）优点

①私人教练不必安排客户以外的任何人。

②获得报酬简单易行，可通过现金、支票或信用卡等方式获得。

③一些公寓或公寓大楼有自己的健身房，有些客户有自己的家庭健身房。这些选项可以在器械和相对隐私方面提供良好的选择，因为通常只允许居民使用它们。

2）缺点

①如果私人教练无法使用私人或半私人健身房，那么私人教练可能需要通过在一些完全不同的空间工作来发挥创意。可用空间决定了私人教练可以与客户一起做的各种练习。

②如果私人教练的客户没有健身器械，那么私人教练可能需要购买一些器械来供预约客户使用。在这种情况下，私人教练肯定不能使用很多传统器械。当然，在与客户一起练习时，私人教练可以要求他们自己购买器械。以下是一些器械的选择，它们小巧、多功能且便携，适用于较小的空间。

A. 阻力带。

B. 瑜伽垫。

C. 悬挂式训练带或装备。

D. 跳绳。

E. 小健身球。

F. 哑铃（不便携，但小巧且多功能，因此客户可以购买它们在家里使用）。

（3）在线平台

1）优点

①由于私人教练与客户不在同一物理空间，因此除非私人教练选择使用器械进行演示，否则不需要提供器械。当然，在制订计划之前私人教练需要知道客户可以使用哪些器械。

②不需要占用出行时间。

③私人教练可以在任何地方训练任何人。即使客户或两者都在旅途中，只要拥有视频访问权限，就可以进行训练。

④为客户带来的好处包括轻松访问、节省出行时间以及不需要健身房的会员资格。客户还可以与最合格的私人教练合作，而不仅仅是本地最好的私人教练。

2）缺点

①有些人使用视频（或镜子）时会产生空间混淆。如果出现这种情况，私人教练可以要求客户面朝屏幕向右侧或左侧转四分之一，这样就不会产生视频混淆，但客户仍然可以获得评估客户动作的适当视图。

②面对面训练时，客户需要有一个安全的地方来锻炼。当然，当私人教练无法实际访问空间时，就没有办法亲自检查空间，但私人教练可以提醒客户选择一个安全的空间并向私人教练展示它是安全的。

③在线私人训练不会让私人教练有机会使用触觉提示来帮助客户找到正确的身体姿势。因此，如果私人教练不擅长口头提示，则进行这种私人训练可能会很困难。一种更好的口头提示的方法是与朋友或家人一起练习。

④适用法律。私人教练需要进行调研，确保所做的任何事情（如解释如何阅读食品标签、是否具备食品经营许可证、健康证等）以及私人教练使用的任何法律形式都适合客户所在地。

⑤有时，互联网连接不稳定或信号太弱，无法保持清晰的视频图像。

（三）开设自己的健身房或工作室

许多人认为拥有自己的空间是私人教练工作的最终目标，但是，这样做会大大增加私人教练的管理责任。因此，如果私人教练尚未准备好或不愿意接受这一挑战，那么开设自己的健身房或工作室可能并不适合私人教练。另外，如果私人教练准备好承担这项额外责任，拥有自己的空间来训练客户，那么从客户一进门，私人教练就可以控制他们希望得到的体验。私人教练还要确定设备、营业时间以及和谁一起工作等因素。

1. 私人教练的角色挑战

假设私人教练现在已成为自己所拥有的健身中心的私人教练，就私人教练的私人训练而言，没有任何改变。私人教练可以自由选择工作时间、制服、器械以及如何为客户制订计划。与为其他人工作一样，私人教练还需要以同样的方式建立业务。但是现在，私人教练向自己（也就是私人教练经理）报告。当私人教练拥有健身中心时，私人教练是一个私人教练、经理、首席执行官、首席运营官、首席财务官等，私人教练负责所有事情。因此，私人教练必须能够管理自己的时间，以便承担每个角色应尽的责任。

（1）私人教练

大多数健身教练都是以私人教练身份开始自己职业生涯的。大部分私人教练希望继续成为自己健身中心的私人教练。他们已经了解了私人教练的所有事务，渴望自由设定自己的时间表，并按照自己的意愿为客户制订计划。事实上，当私人教练知道自己编写的每个计划、帮助的每一个客户，都是在建立公司的品牌时，私人教练会感到非常欣慰。

最初私人教练可能是企业中唯一的私人教练，因此私人教练必须获得足够的收入来支付企业的营业费用。私人教练必须知道所有费用的多少，这就是撰写商业计划书的一个原因。例如，如果私人教练决定为自己支付 50%（平均值为 40% ～ 60%）的课程费用，那么需要收取多少费用，并且每周需要提供多少节课才足够支付自己的费用和其他营业费用？

假设生意很好，私人教练的日程安排是全职工作，也就是说，每周提供 40 小时的私人训练课程（众所周知，很少有私人教练每天工作这么长时间，但这样做是为了最大限度地提高私人教练的收入）。如果私人教练每小时收费 300 元，每周工作 40 小时，那么每周就是 12000 元。平均而言，1 个月有 4.33 周，所以私人教练的每月总收入为 51960 元。五五分意味着私人教练和企业各获得了 25980 元。

现在，需要考虑营业费用，包括租金、保险、公用事业、供暖和空调以及话费等是否可以用每月分配给企业的25980元来支付。如果可以，那么这一切都很合理。但问题是，在准备好接受第一个客户之前，需要重新装修空间并购买器械以使其成为健身中心。那么，就需考虑该费用是多少。如果用贷款来支付这些费用，那么就需要将贷款还款添加到每月支出中。此外，还必须留出时间将客户关系建立到最佳水平。鉴于这样做可能需要6个月到一年，那么在吸引到足够的客户之前，就需考虑私人教练会承担什么样的债务。

分析以上内容目的不是劝阻私人教练，而是确保私人教练理解所需的技能和担负的责任（而不仅仅是作为私人教练工作所需的技能和担负的责任），以使私人教练的企业投资获得成功。具体来说，私人教练需要具备业务规划、预算和簿记等方面的技能，并且除私人训练时间以外，还需要时间来完成这些任务。迈克尔·格伯（Michael Gerber）认为许多企业之所以失败是因为创业的人想更自由地做自己的工作（在本例中，就是指私人训练），但忘记打造企业本身了。

（2）经理

作为经理，私人教练必须确定企业的运营方式。在某些时候，私人教练可能需要雇用更多的私人教练，以使企业盈利或满足私人教练服务更多人的愿景。那时，私人教练需要聘请合适的人（与私人教练拥有共同愿景的人），培训他们在企业中所需要做的工作的技能，并保证他们在企业保护之下发展自己的业务时管理他们。此外，可能还需要雇用其他工作人员，如前台人员或清洁人员。

有了员工之后，作为经理需要定期与他们见面，以确保他们清楚地了解自己的工作，他们拥有完成工作所需的一切东西，并且他们的工作让管理者满意。为此，私人教练需要制定制度以确保其清晰明了，并使其他人了解如何完成工作。该制度可能涵盖广泛的职责功能范围，如私人教练如何评估客户并为其制订计划等。如果私人教练关心如何完成这些工作，则可以向员工说明做法。

作为经理，另一个需要考虑的问题是，是否可以找到其他收入来源，如进行零售业务等。增加收入的常见零售选择包括食品、饮料、补充剂、服装和某些器械。此外，下班之后，能否将空间租给其他人？例如，如果有教室，可以将它租出去，用于召开会议、聚会或开展与自己课程不冲突的课程。此时需要注意：检查私人教练的公众责任保险，以确保私人教练有此类安排的保障；确保承租人自己购买了相关保险。

作为经理，其职责可能还包括市场营销，至少一开始是这样的。具体而言，需要定义自己业务面向的市场，找出所需客户获取信息的位置，并使用这些途径来定位潜在客户。

（3）首席执行官、首席运营官、首席财务官

如果成立的是一家小公司，私人教练的角色将与首席执行官、首席运营官和首席财务官合并。因此，在进行私人训练和日常管理任务之前，作为首席执行官，私人教练的工作是成为具有远见卓识的企业家，并确定企业的使命和长期目标。在这一点上，这和私人教练与客户合作的方式没有什么不同，都是从长远的角度出发，重新开始。同时，作为首席运营官，私人教练负责企业品牌和文化（这些是由作为首席执行官的私人教练确定的）的日常运营。此外，作为首席财务官，需要制定保持企业发展壮大的财务决策。通过接受这些角色和职责，将成为自己企业的掌舵者。

2. 哪种类型的健身中心最适合市场

当私人教练考虑成立健身中心时，私人教练必须思考以下的问题：为什么想成为私人教练，换句话说，私人教练希望自己的企业为哪些客户提供服务；私人教练打算通过开公司来解决什么需求或问题；私人教练认为自己适合拥有和运营哪种类型的健身中心；私人教练对自己有哪些完全不同的定位。

与帮助对象和填写内容相关的决策会影响私人教练需要建立的健身中心类型。每种类型的健身中心在寻找和翻新空间以满足需求方面都有自己的机遇和挑战。下面简单地介绍一些不同类型的健身中心。

（1）大型俱乐部

大型俱乐部通常分为两类：多功能俱乐部和健身俱乐部。它们的目标市场是所有人，而这些俱乐部确实为每个人提供了一些服务——这是重点。他们经常会到人口稠密的地区进行调查，希望能够满足每个人的健康需求。虽然这在概念上可能听起来不错，但它们会使每个人负担更多的器械、建筑租赁、公用设施和维护成本。这些成本需要更大的金融投资，会为潜在投资者带来更大的金融风险。

（2）多功能俱乐部

多功俱乐部提供力量训练器械（固定器械和自由重量）、有氧运动器械、健身房和一些运动环境（如游泳池、篮球场或壁球场）。添加到俱乐部的元素越多，购买或租赁房地产、建造设施（完成原始空间）并维护它的成本就越高。事实上，大型多功能俱乐部的初始投资很容易达到数百万元人民币。除此之外，对于其他项目的建设费用标准很难提供一个准确数字。例如，攀岩墙的价格可

能会因高度、宽度、材料和形状的不同而有很大的差异。游泳池、球场和其他设置也是如此。

（3）健身俱乐部

与多功能俱乐部一样，健身俱乐部通常提供力量和有氧运动器械。它们有可能包括健身房。与多功能俱乐部相比，它们需要的启动和维护成本更少。

（4）特殊人群健身中心

特殊人群健身中心包括老年健身中心和青年健身俱乐部。许多私人教练拒绝选择某个训练专业，因为他们害怕失去潜在客户。他们希望人们知道，他们可以训练大多数人。然而，当每个私人教练都是全才时，没有人会脱颖而出。相反，如果私人教练选择在某个领域（或小型细分市场）中工作，那么私人教练可能成为那些在该特定领域需要帮助的人们的首选私人教练。

例如，如果私人教练有心脏问题，那么私人教练是否会信赖全科医生的最终意见？答案是不会，私人教练更想要咨询一位心脏病专家。同样，如果私人教练选择成立一个健身中心，专门服务老年人、青少年或有减肥问题的人，这不是在限制自己，相反，会将目标人群都吸引到私人教练的健身中心。

一旦私人教练选择了自己的特定市场，就应该建立合适的健身中心并提供相应的器械。

（5）私人训练工作室

私人训练工作室可能是大小和器械差异最大的健身中心类型。这些健身中心的面积不等。其器械的选择和大小取决于健身中心的类型和风格，以及私人教练对公司的发展有何看法。例如，如果私人教练想把重点放在体重和悬吊训练方面，并且一个团体最多只有 6 个人，那么只需要很少的器械或空间。

（6）团体健身工作室

团体健身工作室提供开放空间，可能有一个舞台，并且侧面放置一些器械（如哑铃、训练垫和踏板等）。这种类型的健身中心，筹备和运营都非常便宜。

（7）精品健身工作室

精品健身工作室可以提供私人训练、小组训练、团体健身或所有这些选择。它们通常拥有与精品店类似的高端感觉。例如，精品健身工作室可以非常专业，只提供团体骑行训练课程或健身训练营。

（8）运动员训练健身中心

为运动员提供私人训练的市场很大，特别是如果服务对象是孩子时。许多父母都希望他们的孩子成为下一个体育名人，并愿意支付专业训练费用。大多数此类健身中心都有开放式空间，它们通常配备拥有人造草坪的区域。它们还可以提供雪橇、沙袋、健身球、轮胎和梯子之类的器械。更高级的运动员训练健身中心可能包括升降平台和奥运举重区域。

（9）小型健身房

小型健身房包括从车库到仓库的一切空间，提供最少的器械，通常包括哑铃、壶铃、引体向上器和健身球等。这类健身房通常很少装饰，简洁的运动器械可以最大限度地降低设计成本。

3. 地理位置最重要

选择健身中心的位置时，建筑外观、周围环境、停车位多少等因素都很重要，因为它们对私人教练的潜在客户很重要。

交通同样是健身俱乐部地理位置选择的重要因素之一。比如重庆，因其地理位置的关系，区与区之间跨度很大，你让一个客户来回倒 2 个小时的公交车或者地铁去健身，去一次之后，可能下次是否会再去就是未知数。因此私人教练应该寻找一个驾车或步行的人可见的位置。

（1）通达性

人们总会找借口避免去健身房。如果健身房太远，那么其中一个借口就是通勤时间。一般来说，健身中心应该位于一个方便的位置。

（2）停车场

如果会员开车到达健身中心（如果位置不在市区），那么必须提供充足的停车空间。无法找到免费停车位可能是会员的主要烦恼，并且会让潜在会员离开。健身中心还必须考虑当地的停车规定，因为不同城市的健身俱乐部的停车规定可能会有很大的不同。

（3）人口统计数据

私人教练需要了解目标市场以及希望成立健身中心的区域的人口统计数据。如果不这样做，可能会对私人教练的企业造成灾难性的影响。例如，在一个人们无法负担健身费用的社区成立一个高端健身俱乐部会带来不好的结果。

（4）竞争

一些企业故意在竞争对手旁边开门营业。在这种情况下，他们故意在玩背靠背游戏。此类竞争包括家得宝与劳氏、塔吉特与沃尔玛等。如果店铺聚集在一起，每个商店在此特定位置都能获得最大的市场份额。此外，由于地理位置接近，消费者更有可能前往这两家店铺，因为他们不需要额外的出行时间。如果一个店铺没有客户想要的东西，那么客户可以去隔壁或街对面的店铺。

虽然这种方法适用于某些企业，但对于健身中心来说，这可能不是最佳选择，因为大多数健身中心都不会通过开在另一家提供非常相似产品或体验的健身中心隔壁来直接瓜分市场。但是，如果提供其他健身中心没有的东西，这种方法可能会起作用。例如，如果其他健身中心没有提供团体骑行训练课程并且决定开设一个骑行训练工作室，那么该健身中心可以独占鳌头。有健康意识的人已经在健身中心所覆盖的社区，可以轻松地进入私人教练的工作室来获得不同的体验。寻找理想的位置时，需确定竞争对手的位置，将它提供的服务与自己服务的对比，以及它可能对私人教练的业务产生的影响。

第三节　私人教练的职业现状

没有比现在更适合考虑从事私人教练这个行业的了。根据美国劳工部的统计，对私人教练需求的预期增长速度将会超过所有职业的平均需求增长速度。这种需求的增加，一方面是因为人口的老龄化，肥胖、糖尿病和各种慢性疾病的泛滥；另一方面是因为健身俱乐部依靠私人教练作为其非会费收入的最大来源。除了传统的健身俱乐部市场以外，公司、医疗机构和保健机构等是私人教练需求增长最快的几个市场。

一、国外私人教练职业现状

（一）健身与私人教练的发展简史

20 世纪 50 年代，被称作“健身俱乐部”或“健身房”的地方还是男性的地盘。男人们在那里使用可自由调节重量的器材进行训练，目的是增加肌肉体积（健美爱好者）、提高力量（力量举爱好者）、增加爆发力（奥林匹克举重爱好者），或三者兼而有之（运动员）。

1951 年，杰克·拉兰内开始主持美国第一个电视健身节目，节目名称是《杰克·拉兰内秀》，于 1984 年停播。该节目以教授健美操为主，还兼顾介绍一些计算能量、举重训练和营养学的知识。然而鲜为人知的是，杰克·拉兰内除了开创了这个先锋式的电视节目外，他 21 岁时（1936 年）便在加利福尼亚州奥克兰市开创了其第一家健身俱乐部，发明了滑轮重量训练器械和史密斯机。这两种器械至今仍被广泛用于全球几乎所有的健身房中。

20 世纪 60 年代，女子健身中心，或者说“塑形美体沙龙”流行开来。与之前以男性为目标客户的健身房或健身俱乐部不同，这类女子健身中心的训练重点不在于增加肌肉体积和力量，而是减重和身体局部塑形。其所使用的器械并非哑铃和杠铃，而是“被动”式器械，如使用“甩脂机”以“甩走”脂肪，而电子震动减肥带据说有助于“晃走”大腿的脂肪。20 世纪 60 年代早期，当时美国总统约翰·肯尼迪（John Kennedy）将“总统青年健康委员会”更名为“总统身体健康委员会”，意在不单强调儿童和青少年的身体健康，而是强调所有年龄段的人的身体健康。肯尼迪对健康和运动的公开支持产生了巨大的影响，唤起了人们对身体健康的重视，并在公众中引发了对慢跑的兴趣。1966 年，俄勒冈州立大学田径队主教练比尔·鲍尔曼出版了《慢跑》一书，让慢跑这项运动在美国流行兴盛起来。

1965 年，乔·戈尔德在加利福尼亚州洛杉矶威尼斯海滩创立了第一家名为金吉姆的健身中心。1970 年，乔将这家连锁健身机构出售。如今金吉姆已发展成全球著名的健身房连锁集团，在全球各地拥有超过 650 家连锁分店。

20 世纪 70 年代，社会上对于加入健身俱乐部或进行户外锻炼的接受程度更高了。很快，各年龄段的男女都一起参加锻炼。健身俱乐部为人们提供了一种可以同时进行社交和健身的渠道。健身俱乐部开始为会员提供可选择的团队运动或者活动，这些运动或活动通常要求参与者在开始参加之前应具备一定水平（有时需要较高水平）的技能和耐力。健身房成为任何年龄、任何身体素质的人，在全年任何时候都能锻炼的场所。同时，健身俱乐部人群的增加也标志着当时的人们开始更注意外表，并且意识到可以通过锻炼改变自己的体型，从而提升自己的外表。

随着 20 世纪 70 年代新型健身俱乐部数量的稳步增加，它们成为大众寻求改善健康状况和开始锻炼计划的理想场所。20 世纪 70 年代，健身方面的专家被默认为是在健身房里训练时间最长、看起来最健美或最强壮的人。不幸的是，外表通常并不能体现是否具备运动科学或训练原则方面的知识。在健身俱乐部行业发展的早期，尽管缺乏具备资质的工作人员，但很多新会员还是会自己掏钱给他们认为是“专家”的人来获取训练的知识与指导。“私人教练”这个职业也由此产生了。

尽管任何人只需具备一些基本的训练经验和知识，就有可能给出训练计划的一些基本构架，如负荷、组数、重复次数等，但不同的人运用人体动作科学（包括功能解剖学、功能生物力学和运动行为学等）知识的情况却千差万别。在体能训练发展的早期，通常没有对新客户的既往病史、训练风险因素、肌肉不平衡和目标等情况进行的评估与分析。这就导致所有的训练计划，只是简单地模仿当时专业运动员或教练员的训练计划，这样制订的计划几乎无法满足个人客户的目标、需求和能力。

20世纪70年代之后，国外健身行业得到迅速发展，时至今日在健身房“撸铁”、跑步已经成为很多人运动健身的方式之一。舒适的健身环境、全面的健身器械、专业的健身教练是每一个现代健身房的标配。私人教练想要在健身俱乐部展开私人训练，不仅需要具备专业的知识技能，同时也要持有相关资格证书。此外，在此时期，一对一、精品私人训练课也日益成熟，并被人们所接受。

（二）国外健身私人教练现状

道格拉斯·布鲁克斯（Douglas Brooks）认为合格的健身私人教练的专业能力包括：学历资历、健身训练知识、相关的医学知识、解决会员问题的能力、不断学习和创新的能力。

美国体育及体适能协会（AFAA）对于健身私人教练有以下要求：拥有权威性的职业资格证书；专业知识和运动经验丰富；具有较强的运动能力和健身技术；能够自主学习；品行良好；有领导力；乐于助人；遵纪守法；职业性强；实事求是，在自己能力范围内工作。

在美国，健身私人教练具备专业的资格证书是硬性要求，健身私人教练在出售私教课程时必须向会员出示自己证书。

同时证书也有等级之分，不同等级的证书代表教练的等级也不同，所以不同的健身私人教练在私教课的单价上也有所差别。

健身私人教练的全称为私人体适能教练。健身私人教练需要接受正规的运动医学学会机构培训和考取相应的从业资格证书，同时还要有在体育学和运动医学上的学位证书，对运动生理学、运动解剖学等专业知识都要熟练掌握，并且通过半年的训练以及相关实训来完成健身俱乐部内部培训机构的培训课程。

在国外健身行业中，对于健身私人教练的专业能力和职业素养要求很高。例如，在加拿大，健身私人教练的培训非常严谨和细致，会根据报名者的学历程度进行分类培训，目的是通过不同专业程度的考试来考取相应的资格证书，确保培训的质量，并且明文规定一种证书只能代表一个项目。

二、国内健身私人教练现状

我国健身行业起步相对较晚，但是由于经济的迅速发展和国家对健康行业发展的大力支持，近几年呈现出陡坡式发展，极大地促进了健身私人教练的发展。《2020中国健身行业数据报告》数据显示，截至2020年12月份，我国健身教练从业人数约为90万，其中健身俱乐部教练61.2万，工作室教练28.8万。随着我国人民收入的提升，他们在健身过程中更加注重服务水平和服务质量，这也对当前我国健身私人教练的发展提出了更高的要求。此外，相关数据显示，截至2020年底我国私人教练从业年限在五年以下的人数占据了82%，这在一定程度上反映了我国健身私人教练的存活空间并不是十分理想。国内部分学者也开始针对健身私人教练的各个层面进行研究。

（一）健身私人教练发展简史

与国外相比，我国健身行业起步较晚，大众健身的历史只有不到50年。从整体上来讲，我国健身行业发展主要经历了以下几个阶段。

1. 健身1.0时代（1978—1988年）——健身房雏形期

自我国1978年实行改革开放以后，国外的新奇事物逐渐进入中国人民的生活中。简·方达的健美操开始占据一部分热爱健美和运动的人群视野。国内渐渐出现了以健美操为主要内容的跳操房，也就是健身房的雏形。它规模较小，用户也大多是追求健美时尚的年轻人。1987年，中国举办了第一届健美比赛，在当时引起巨大的轰动。在那个年代专业健身器材还是稀缺的，每次训练要排很久的队，练就一身肌肉线条的好身材，是一件不容易的事情。

2. 健身2.0时代（1989—1998年）——健身房成长期

1990年，第十一届亚运动在北京举行，这是我国第一次承办国际体育赛事。我国体育健身事业从此开启新的篇章。随着我国经济发展，马华的“健美5分钟”栏目在中央电视台的收视率居高不下，使得大众健身操在群众中得到了迅速和广泛的普及，面向大众消费的健身房（跳操房）应运而生。1995年，国务院颁布《全民健身计划纲要》。与此同时健身房经营面积开始扩大，出现了1000平方米以上的俱乐部，并逐渐引入国外的一些健身器械和训练方式。但是由于当时投资者的资金实力有限、训练方式单一、设备种类不齐全、经营模式相对滞后等因素制约了俱乐部的发展，难以形成大规模的经济效益。健身1.0和2.0时代统称为“无私教时代”

3. 健身3.0时代（1999—2008年）——健身房发展期，私教模式出现

21世纪，健身市场进入蓬勃发展初期，国内逐渐成立连锁大型俱乐部，国际品牌亦开始进驻中国。2003年非典疫情之后，体育锻炼健身运动受到了空前

重视，尤其在 2008 年北京奥运会成功举办后，在全国范围内掀起了体育运动和大众健身的热潮。

这一时期，随着市场需求的呼唤，私人教练收费服务开始出现，但健身房营收主要以会籍收入为主，私教业绩占比较小。在私人教练产生初期，成为一名健身私人教练绝非易事，2000 年前后的私人教练几乎都是健美爱好者，他们专业性和服务意识很强，也非常在乎自己的形体，在大众心中为健身教练建立了非常专业的职业形象和标准。这个时期的私人教练可以说是非常超前的职业之一，但当时并没有行业规范，教练的唯一监督机构就是自己所在的俱乐部。

4. 健身 4.0 时代（2009—2018 年）—— 健身房高速发展期

2009 年国务院正式批准将每年的 8 月 8 日定为“全民健身日”，以满足我国人民日益增长的体育健身需求。健身行业开始进入高速发展期，尤其是 2014 年 10 月国务院颁发 46 号文件，将全民健身上升为国家战略，健身成了大家所崇尚的健康生活方式。在这一阶段，健身俱乐部和工作室数量在全国范围内急剧增长。

5. 健身 5.0 时代（2019 至今）——重新步入良性稳定发展期

2018 年，健身行业迎来寒冬，增长速度相较于 2017 年开始放缓，发展趋于稳定，消费降级，市场下沉。而大量健身房还停留在 4.0 时代的运营模式，只注重营销，忽略经营核心，同时缺乏合理有效的运营管理机制。加之市场人才的紧缺和管理制度混乱造成健身房负债率高，风险加大，健身房面临着新一轮倒闭潮。毫无疑问，健身房的稳定持续营收增长是对健身行业发展的最大助力，反之则会加速整个行业的衰落。随着 2019 年新型冠状病毒肺炎疫情的出现，对健身有更多的需求，对私人教练有更多的需求、更高的要求，这在一定程度上加速了健身 5.0 时代的到来，也促使国内健身与私人教练发展重新步入良心稳定发展期。

（二）对健身私人教练的专业能力研究

想成为一名合格的健身私人教练，需要具备的能力是很多的：首先要有过硬的专业技能，能够很好地解决会员的问题；其次要有良好的沟通能力、培训能力、思考能力、解决问题的能力；最后要细心，具有耐心。从某种程度上来讲，健身教练的专业能力的高低，直接影响着会员锻炼的健身效果。如果健身教练的专业能力较差，其在指导俱乐部会员锻炼时，极有可能会使会员发生运动损伤等，这不仅危及客户的生命安全，也会影响个人职业生涯的发展。为此学术界对健身私人教练的专业能力十分重视，并从不同角度对其展开了研究。

研究人员童维贞认为一名优秀的健身教练员不仅要有出色的体能、专业领域所需的各种技能和激情的感染力，还应具备专业的理论知识和丰富的实践经验，主动和健身者沟通的能力，既是专业的健身教练，又是健身者的朋友。

研究人员陈卫指出，健身私人教练应具备以下素质和能力：第一，健身私人教练应该具备丰富的文化知识和全面的专业技术；第二，健身私人教练需要具有扎实的健身理论基础；第三，良好的职业素养和高尚的道德情操也是私人教练不可缺少的；第四，健身私人教练应该掌握良好的社交能力，可以做出个性化的健身运动方案。

研究人员黄胜、林红通过对中日社会体育指导员在培训机构与资格认定制度、培训内容与时间、培训等级与分类、培训对象与人数几方面的比较研究，建议我国社会体育指导员的培训要分级分类培养，培训内容既要重视基础理论的学习，同时也要重视专项技术与实践指导能力的培养；增加培训时间，大力提倡和培植业余、兼职的社会体育指导员以促进全民健身计划的实施。

研究人员陈荣指出在当前的商业健身俱乐部中存在一部分健身私人教练滥竽充数的现象。这些健身私人教练缺乏相应的专业知识和训练经验，甚至有些“三无”（无专业的资格证书、无自我训练经验、无专业的知识）健身私人教练临时上岗。

还有部分健身私人教练文化水平不高，缺乏专业素养。在给会员制订训练计划时，都是大同小异，没有针对性，甚至个别健身私人教练在给会员授课时模仿和抄袭其他教练的训练动作和训练计划。另外还存在着部分健身私人教练对会员缺乏关注，对会员的训练计划缺乏科学性和针对性，导致训练效果不理想，健身私人教练和会员关系矛盾等问题。

（三）对健身私人教练的培训体系研究

我国健身行业随着经济的发展而发展，自从 2008 年北京奥运会后，国务院多次修改发布全民健身纲要，可见我国政府十分重视健身行业的发展。健身教练从业资格证是健身教练需要持有的从业证书，影响着整个健身行业的发展。职业资格证书是工作者进入某个工作领域所必须获得的凭证。现今社会上各种各样的证书发放机构资质与水平参差不齐，而外国健身行业发展时间较长，水平较高，有部分外国证书引入国内，导致有部分消费者乃至从业者容易产生崇洋媚外的心理。2007 年 11 月，经人力资源和社会保障部批准，健身教练项目被正式纳入国家职业资格管理序列，并于 2009 年 3 月开始在部分省市开展培训和考核认证工作，2010 年在全国各地全面开展培训与认证，建立职业资格证书制度，采用政府推动与社会化管理以及第三方认证相结合的方式。

在我国的健身行业发展过程中，健身私人教练的培训市场混乱，各种培训机构鱼龙混杂，缺乏有效的监督和管理体系，因此导致健身私人教练的水平参差不齐。整体的培训质量不高，效果不理想，存在着填鸭式培训，没有任何健身知识或者从来没有接触过健身的人，上课七天就可以结业拿证，甚至还存在着交钱就可以拿证的现象。而有些培训质量较好的培训机构的培训费用过于昂贵，对于部分刚毕业想从事健身私人教练行业的大学生来说负担较大。

（四）对健身私人教练的职业发展研究

健身教练的国家职业资格认证机构是国家体育总局人事司，其下属单位国家体育总局职业技能鉴定中心负责鉴定发证等事务。国家体育总局是中国官方体育机构的最高行政主管部门，在中国是处于绝对权威的位置。

各个省鉴定站授权健身培训基地，培训基地负责开展具体的培训工作。培训基地一般设立在健身俱乐部、学校、健身协会等，各个培训基地聘请具有国职培训师证书的培训师对学员进行考前培训，健身培训基地进行的健身培训必须遵照国职培训大纲进行培训。根据《社会体育指导员国家职业标准》，初级指导员接受培训的总学时为 150 小时，中级指导员为 120 小时，高级为 90 小时。在实际计划安排中，初级与中级指导员分配在同一个班，一般连续七天进行培训，完成培训后进行自学和复习，约两个星期后进行考核。在实际认证中，各省鉴定站对初、中级培训认证往往每一个月组织一次认证，高级和指导师级往往每一年组织一次认证，证书默认是终身制，不需要更新或继续培训。组织考核的国家体育总局委派考评组长，各个省鉴定站与考评组长联系，安排考核工作，国职遵照考培分离原则，原则上培训师与考评员是需要分开的，在实际操作中都是异地考评员进行考核的。

史曙生教授指出人们对于健身私人教练的认识不全面，对其的职业定位有失偏颇，对于健身私人教练在健身行业的角色和职业价值认识不够深刻。健身私人教练属于服务行业，其次才是在健身俱乐部中向会员传授训练技术、指导训练方法的教师。目前，人们对于健身私人教练的职业定位还仅仅停留在教练的身份上。无论是健身俱乐部、健身私人教练本身还是私教会员都没有清晰地认识到健身私人教练的职业定位，对于健身私人教练应该所具备的专业素养缺乏认识。

研究人员张军指出，在当前健身行业中，健身私人教练的职业定位不清晰，许多健身私人教练对自己的职业发展前景不明确，对自己的职业发展缺少规划。加之管理机制的不完善，健身私人教练接受培训和再学习的主动性不强，其整体知识欠缺，在专业知识上，对运动生理学、运动生物力学等专业性较为复杂的知识掌握程度较低，在综合能力上，外语和管理等知识的水平欠缺。这些问题的存在严重地制约了健身俱乐部和健身私人教练个体的进一步发展，同时因为健身私人教练的综合能力得不到有效的提升，也制约着健身行业的发展。

三、国内外私人教练发展现状对比

私人教练行业相对于前几年有了很大的发展，教练的专业水平、从业人数、大众的认可度等都有了显著的提升，但是并不能说明这一行业已经趋于完善。虽然短短几年其在很多方面已经有了显著的进步，但是其所存在的问题却不容忽视。相对于发达国家而言，我国的健身私人教练这一行业还处于落后状态，还存在着较大的差距，包括行业制度与体系、业务水平等。

与健身行业发展较完善的国家相比，我国的健身私人教练存在以下不足。

①形式单一化。目前我国的私教课程只局限于训练课中的一小时，目的性强，手段单一，大多数私人教练只会通过器械和有氧训练来达到使会员增肌减脂的目的，对营养和功能性训练过于缺乏。而国外则明显不同，“功能训练”一词正从国外的康复中心、健身房，逐步向竞技体育渗透，已经成为非常时髦的训练术语。

②认识局限性。不仅是普通的人群，健身私人教练也认为健身就是使肌肉增大，有一个健硕的身体，但是真正的身体健康的第一要素是心肺功能的良好，其次才是力量、柔韧等能力的提升。在国外，私人教练认为心肺功能训练是进行其他健身训练的前提与基础，心肺功能训练不仅可以消灭脂肪，同时也可以帮助增肌。

③对健身私人教练的职业定位较低。虽然健身私人教练属于服务业，但是在国外是非常受人欢迎和尊重的，而且从事这一职业的门槛很高，需要具备丰富的专业理论知识和实践技术、良好的身形和专业的资格证书。而在国内，健身私人教练社会地位较低，与普通的蓝领工作相类似。

④专业水平和职业素养不高，培训体系和监管体系不完善。在健身行业发展较完善的国家，健身行业的体系趋于完善，健身私人教练的培训和监管体系比较全面，健身私人教练行业很有规范性，教练的水平和素养也较高。在国内，因为起步时间较晚，发展的时间较短，又恰逢国家实施全民健身计划，鼓励人民锻炼身体，因此，在短短几年内我国的商业健身俱乐部数量井喷式增加，这一现象必然带来健身私人教练的紧缺和市场监管的不完善。所以我国健身私人教练的专业水平和素养不高，培训体系和监管体系不完善。

第二章　私人教练的就业前景与健身市场拓展

随着我国经济、科技水平的提升，人们对新鲜事物的接受能力也有所提升。此外，在新型冠状病毒肺炎疫情（以下简称“新冠肺炎疫情”）的影响下，人们的健身意识提升明显，私人教练越来越受到欢迎。

第一节　私人教练的就业前景

一、全民健身

（一）全民健身发展概述

1952 年 6 月 10 日，毛泽东为中华全国体育总会成立大会题词：“发展体育运动，增强人民体质”。1995 年，《中华人民共和国体育法》及《全民健身计划纲要》等一系列体育法规与政策的颁布，使全民健身在法律层面得到了保障。参与体育运动的人数在不断增多，人们的健身意识也在逐渐加强，全民健身的理念日益深入人心，大大促进了体育消费水平的提高。全民健身是促进体育消费的政策前提，大力开展全民健身运动，对体育消费的发展具有十分重要的意义。

国家体育总局群众体育司（以下简称“群体司”）2019 年会同财政部安排资金 2 亿元，支持中西部省份开展农民体育健身工程，用于行政村项目器材购置、器材更新。此外，还配合发展改革委，利用中央预算内投资 20 亿元，支持地方建设县级公共体育场、足球场等场地设施。但目前我国还有万余个行政村（社区、街道）没有建设健身场地设施，按每个行政村投入 10 万元测算，实现健身场地设施全覆盖还需 10 亿余元，不少地区（特别是贫困地区）由于本级财政紧张，在保障农民体育健身工程设施维修更新过程中存在较大困难。

因此，在未来“疫情防控常态化”的特殊背景下，全民健身需要由“增强体质”向“健康促进”的新战略阶段进行转变，发挥新的功能，从而不断推进全民健身与全民健康的深度融合。在此期间，必须贯彻落实“以促进健康为中心”的大健康观，发挥全民健身在促进人们健康幸福生活方面的独特优势，推动体育运动蓬勃发展。必须推进“全要素”整合，有效健全群众身边的体育健身组织、建设群众身边的体育健身设施、丰富群众身边的体育健身活动、支持群众身边的体育健身赛事、加强群众身边的体育健身指导、弘扬群众身边的体育健身文化等“六个身边工程”，推动政府、市场和社会协同治理，满足百姓多样化、多层次的需求。

开展全民健身活动是全体人民增强体魄、增进健康、增添幸福的基本保障，是新时代人民日益增长的美好生活需要的重要内容，是党和国家到2035年建成体育强国和健康中国的重要战略部署。当前，我国全民健身公共服务体系已初步建立，但仍有待完善，距离“高水平”和“高质量”发展还有一定差距，表现在全民健身相关政策效力有待实践检验、高品质的全民健身需求与滞后的全民健身市场意识矛盾凸显、全民健身公共服务供需结构性失衡、社会力量和市场机制作用尚未充分发挥以及跨领域融合发展有待进一步深化等方面。“十四五”时期我国全民健身应重点围绕全民健身发展的均等化、融合化、智慧化、法治化等任务目标，将抓好全民健身政策落实、补齐全民健身供给短板、深化全民健身融合发展、推动全民健身科技赋能、健全监督评估长效机制和培育弘扬全民健身文化作为重要举措，坚持“以人民为中心”的发展思想，以保障公民基本体育权利，满足群众多元化、多层次全民健身需求为出发点和落脚点，将形成党委领导、政府主导、社会协同、公众参与、法治保障的全民健身发展新格局作为未来的奋斗目标。

（二）互联网信息技术——全面健身的“催化剂”

①随着物联网、大数据、云计算、5G、人工智能（AI）等现代信息技术的迅速发展，社会信息化程度不断加深，全民健身发展被赋予了更多的可能。

首先，“十四五”时期全民健身服务内容生产升级面临新的技术环境。例如，智能可穿戴健身设备的普及实现了个体运动情况的实时监测，能够更大程度地保障群众健身参与的有效性和安全性。只有坚持以全民健身服务内容为核心要素，发挥现代信息技术的内容生产核心优势，才能够满足人民高质量、多元化、个性化的健身需求。

其次，“十四五”时期的全民健身服务方式将进一步提档升级。依托现代化信息智能技术，全民健身信息服务平台的搭建将进一步缩小服务供给主体与需求主体的时空距离，广大群众可通过智能手机、平板电脑等互联终端，随时了解、获取包括场馆预订、赛事报名、技能培训、健身咨询等在内的体育服务，提高了全民健身服务获取的便捷性与匹配度。各地区全民健身数据信息的共融共享将促进跨地域的资源共享与协同联动，并为全民健身的发展决策提供科学依据。

②在互联网平台引导下，大众健身行为呈现新态势。互联网和大数据环境影响着当代人的认知方式、获取信息的途径和社会化行为模式。在新冠肺炎疫情期间，一些互联网平台敏锐地抓住了大众的居家健身需求，结合各自平台特点有针对性地推出互联网产品和线上活动，吸引更多人参与居家健身活动。与此同时，面对企业不能复工、教练不能上班、会员不能到店健身的状况，各大传统线下健身品牌和健身教练在线上发力，通过创新内容与运营方式，探索出线上内容连接用户线下居家健身的新模式。互联网平台与专业健身机构积极联动，催生了多种"互联网＋健身"的新方式，具体如下。

一是明星引流，拓展用户。一些国内运动平台选择与网红明星进行合作，组织"线上健身房"直播教学活动，依托线上平台发布"居家健身有新招"等话题进行引流。网红明星联动带来的吸粉效应，使得很多平时不参与运动的粉丝群体加入了健身行列，拓展了"互联网＋健身"的用户群。

二是课程优化，提升流量。近年来，"互联网＋健身"产品持续探索变现方式，但是新冠肺炎疫情之前，通过互联网健身的深度用户较少，"互联网＋健身"领域对课程内容体系的专业性关注有所欠缺，其内容相对单一，且运动健身类移动应用的营利主要依靠广告植入，变现效果并不理想。在新冠肺炎疫情期间，国内有些健身平台将业务进行深化，面向具体人群的不同需求，有针对性地开发设计了多元化直播系列课程、付费直播训练营、双向视频小班课等。细分的健身理念更精准地匹配了消费者的需求，细分业务有助于平台进一步固定老用户、吸引新用户，进而覆盖更为广泛的用户对象。

三是主打直播，实现转化。自 2020 年以来，国内 10 余家互联网平台推出全网联盟运动直播进行时活动，日均参与人数提升了 145%，累计参与人数突破 5600 万；有些平台账号高峰在线观看访客量高达数百万人，总播放量突破 10 亿。线上直播有效地带动了更多的居家健身行为。

四是趣味娱乐，提高参与。线上平台尝试将专业健身课程和趣味特效玩法结合，设置不同运动强度的趣味运动挑战，解锁室内运动新玩法。有些平台联合政府、协会等开展短视频作品征集，联动奥运冠军和民间健身达人等专业人士，品类涵盖足球、篮球、乒乓球、瑜伽等大众主流运动，还有网民自发组织进行趣味运动会，充分利用线上平台调动更多的非专业健身者参与到体育健身活动中来。

五是整合营销，消费带动。在新冠肺炎疫情期间，互联网直播平台带动了一些运动器材的热销，如国内某健身平台邀请网红主播在直播中卖瑜伽垫等体育用品，仅耗时数十秒 1.5 万个瑜伽垫即告售罄。运动器材是健身产业链上的重要一环，居家运动让健身小器材的需求陆续释放。有针对性的线上商品销售对人们更多、更快、更好地参与居家健身也有刺激带动作用。

（三）我国“互联网 + 健身”行业发展

此次新冠肺炎疫情促使更多用户进一步养成了通过互联网平台居家健身的习惯，随着大众“互联网 + 健身”意识的觉醒，线上健身行业有望迎来新一轮爆发。在一次调研中，当被问及新冠肺炎疫情过后是否会坚持线上居家运动时，有 76% 的受访者选择继续保持。对大众健身产业的发展来说，依托互联网手段开展大众健身既是大势所趋，也是实施“健康中国”战略的现实需要。立足长远，线上健身行业的发展亟待推进以下几方面的工作。

第一，加强政策扶持，注重行为引导。“互联网 +”时代对我国经济增长和信息传递效率提升有着重要的刺激作用，此次新冠肺炎疫情一定程度上推动了各行各业与互联网技术的结合。下一阶段，政府相关部门应通过政策扶持，引导体育企业与大数据、云计算、5G、人工智能、区块链等新技术创新融合发展，精准有效地培育数字体育、在线健身、线上培训等体育产业新模式和新业态，推进“互联网 + 健身”的融合发展，鼓励新产品的研发，不断创新“互联网 + 健身”方式。同时，通过广泛的社会宣传培育健康生活方式，加强全民的健身意识与行为引导，鼓励人们抓住碎片化时间健身。

第二，提高行业站位，深耕细分市场。互联网体育企业应遵循关注生命全周期、健康全过程的原则，清晰定位自己的客户群体，做好分类数据库建设，设计有针对性的训练模板，实现规模化效应。同时，为满足大众健身的个性化需求，针对不同性别、不同年龄、不同层次的用户，精细化开发全人群、全生命周期的“互联网 + 健身”产品，培养用户终身运动意识，从而建立忠实的用户群。企业应在有限的资源条件下更加注重细分市场，养成特定用户依赖，进而扩展市场份额，实现流量变现。

第三，结合技术革新，加强产品开发。首先，随着 5G、虚拟现实 / 增强现实（VR/AR）等新技术的成熟，开发“互联网 + 健身”产品应该更加注重人机交互，通过技术创新增强产品的互动性和体验感。其次，要更注重“互联网＋健身”深度沉浸式场景的开发，让受众在类似于游戏体验的线上场景和环境中开展健身活动。同时，运动健身平台还可以跟社交平台、支付平台、音视频平台、生活类平台等其他线上平台加强合作联动，设计开发泛健身类的线上产品，增强产品的趣味性、实用性，引导大众充分利用碎片化时间，随时随地进行便捷化的健身活动，让“互联网＋健身”更加大众化、多样化。最后，“互联网＋健身”产品要更加关注用户多样化的需求，注重产品内容的专业性和创新性。

第四，鼓励多元主体，融合线上线下。“互联网＋健身”的模式不仅需要网络平台建得好，更需要网络平台用得好。除了要发挥互联网平台自身的引导作用之外，应更广泛地发动各级各类主体充分利用互联网平台开展大众健身活动。要鼓励学校、企事业单位利用专业的互联网平台，创新组织方式，改造原有的体育健身活动，多部门联动推动互联网技术与大众健身的融合。同时，要充分发挥互联网体育产业联盟的作用，搭建政府与企业之间的沟通桥梁，依托市场建立规范化的行业监督机制，推进互联网体育产业健康发展。

二、“十四五”远景目标的宏观背景

五年规划在顶层设计、引领发展和设定目标任务等方面发挥着极其重要的作用。2020 年是我国国民经济和社会发展的“十三五”规划收官和“十四五”开局谋划之年，因此要把握国家发展面临的新环境和政策改革新方向。近年来，党中央和国务院对“体育工作”和“全民健身”的阐述不断增多，特别是习近平总书记一直以来都是全民健身的宣传者和践行者，他多次在不同场合讲述自己的运动心得，强调全民健身的重要意义。党的十八大以来，党和国家对全民健身事业高度重视，把推动全民健身作为满足人民群众追求美好生活需要的重要举措，提出了一系列新理念、新思想、新要求，做出了一系列新规划、新决策、新部署。

“十四五”时期的全民健身事业发展规划既是以往五年规划的总结和延续，具有长效性和常规性，又处在新发展阶段，必须面临发展内外部环境的新变化和新特征。因此，需要继续坚持目标导向和问题导向、深刻剖析研判新问题和新趋势，理性合理制定新目标和新任务，通过新的五年规划和努力奋斗，逐步落实全民健身国家战略，助力体育强国和健康中国建设。

因此，在系统总结“十三五”期间我国全民健身工作经验成绩和问题矛盾的基础上，要更加准确地把握新时代全民健身发展内涵的深刻变化，使全民健身向更高水平发展，提升百姓在全民健身领域的参与感、满足感、获得感、幸福感和安全感。

（一）“十四五”时期我国全民健身发展的形势要求

“十四五”时期我国全民健身发展面临多元复杂的新形势和新要求，在此期间新的重要的“变量”出现，使“十四五”时期的全民健身规划尤其值得期待。

1. 全民健身——奋争“先进派”

第二个“百年奋斗目标”是到中华人民共和国成立 100 年时，我国建成富强民主文明和谐的社会主义现代化国家。“体育强则中国强，国运兴则体育兴”，建成富强民主文明和谐美丽的社会主义现代化强国，发挥体育凝聚人心、振奋精神的作用必不可少。可见，目前需要在第 1 个“百年目标”实现的同时，要在全民健身领域提早谋划，为建设健康中国和实现中华民族的伟大复兴筑牢基础。

2.“十四五”——全民健身机遇与挑战

当前我国京津冀、珠三角、长三角以及长江经济带等国家重要区域协调发展战略正在开启全民健身的巨大机遇。一方面国家区域协调发展战略为全民健身提供了资源共享、优势互补的新平台，有利于推动全民健身跨地区统筹协调发展，缩小地区差异，促进发展成果惠及全民。另一方面，区域协调发展战略有利于全民健身发展提质增效，通过机制创新推动不同主体间的密切合作，更加充分地发挥区域内政府、企业、社会组织等多方主体的优势作用，是实现全民健身资源整合、规模扩大、效益提高、互利多赢的重要举措。

此外，“十四五”时期是我国体育协会大面积脱钩后的第 1 个 5 年周期，其过渡工作的成效直接决定了脱钩改革未来发展的走向。而在脱钩过程中，社会体育组织面临机构、职能、财务、人事等方面的巨大变革，原本运行的全民健身公共服务供给机制将在这一过程中调整、重构。

尽管《行业协会商会与行政机关脱钩总体方案》等政策文件的出台对组织脱钩做出了要求，但政府职能转移中组织发展的保障机制尚不健全。在全民健身领域，虽然部分地方政府已开始通过政府购买服务等方式扶持社会体育组织发展，但由于资金管理不到位，相关法律支撑不足，存在购买过程缺乏监督、购买服务内容单一等问题，使全民健身公共服务供给的不确定性大大增加。社会体育组织脱钩后，利益格局的协调、保障机制的建立、监督管理的完善等都是“十四五”时期全民健身发展需要面对和解决的问题。

3. 全民健身多元功能与价值将充分彰显

（1）人口结构变化

根据预算我国人口发展已经进入关键转折期，2025 年，65 岁及以上的老年人口将超过 2.1 亿，约占总人口数的约 15%（中国发展研究基金会，2020）。

我国在“十四五”时期人口老龄化程度将继续加速，且老龄化与城镇化过程相互叠加，“未富先老”引发的公共医疗卫生、基本养老等社会保障支出、公共基础设施建设等都需大量的财政投入，这在一定程度上影响了政府对全民健身事业投入资金的稳定性。健康资源是我国经济起飞的主要动力，没有健康的进步“人口红利”将缺乏基础。经过多年努力，我国医疗卫生事业成就显著，但与公众主动健康需求和经济社会协调发展不适应的矛盾比较突出。目前，中国居民健康支出主要集中在后期的救治上。我国一个人一生中在健康方面的投入，60% ～ 80% 花在临终前 1 个月的治疗上。我国民众对健康管理不够重视，很少主动体检，参与保健。此外，我国即将步入“人口低生育陷阱”，总和生育率持续走低，年龄结构失衡问题持续恶化，这将造成全民健身发展步入供给压力增加和代际分担失灵的恶性循环中。

（2）经济结构转型升级

随着我国产业结构由重型化的工业制造业向轻型化的信息服务业转型，社会生产体系也相应形成了轻型化、小型化和微型化的发展趋势。生产力迅速提升的同时，“久坐少动”等不良现象成为人们工作生活的常态，慢性病发病率呈上升趋势。《中国居民营养与慢性病状况报告（2020 年）》数据显示，2019 年我国因慢性病导致的死亡人数占总死亡人数的 88.5%，其中心脑血管病、癌症、慢性呼吸系统疾病死亡人数所占比例为 80.7%，慢性病患者基数在“十四五”时期仍将扩大。随着社会分工的逐渐细化，生活节奏逐渐加快，困于工作、生活诸多事务的多重挤压，人们的空闲时间被普遍压缩。如何在参与时间缩减的情况下更好地满足人民群众的健身需要，是全民健身发展所面临的重要课题。此外，“十四五”时期将是我国由中等收入国家迈向高等收入国家的关键时期。根据国际发展规律，人均 GDP 的提高将推动享受型、发展型消费的持续提高，服务业将出现爆发性增长。

2019 年，我体育产业总规模（总产出）为 29483 亿元，增加值为 11248 亿元，与发达国家相比还有不小差距，但同时也为全民健身相关产业的发展留足了市场空间。《2020 年大众健身行为与消费研究报告》数据显示，我国全民健身消费市场发展前景广阔，在培育健康生活方式等方面发挥着重要作用，使其在“十四五”时期释放更大潜能。随着政府“放管服”改革的不断深化、政策体系的不断健全、市场运行机制的不断完善，全民健身相关产业必将迎来新的发展战略机遇期，人民群众日益增长的多元健身需求与健身服务供给的市场化运作将在社会经济发展的强大推力下相互促进，推动全民健身的繁荣发展。全民健身作为助力体育产业发展的有效载体，在如何通过全民健身活动实现公众体育消费理念和体育消费行为的转型升级，推动我国体育产业规模扩大和结构协调方面的作用还有待进一步提升。

（二）“十四五”时期我国全民健身发展的思路与目标

1. 基本思路

构建更高水平的全民健身公共服务体系是“十四五”时期全民健身工作的主线和目标。它是一项长期而复杂的系统性工程，应该适应我国高质量发展的本质要求和体育治理体系及治理能力现代化建设的时代诉求，遵照我国体育体制改革的基本导向，循序渐进地分步骤推进。

总体而言，“十四五”时期我国全民健身发展必须高举中国特色社会主义伟大旗帜，深入贯彻党的十九大和十九届二中、三中、四中、五中全会精神，以习近平新时代中国特色社会主义思想为指导，继续强化政府职责，形成党委领导、政府主导、社会协同、公众参与、法治保障的全民健身发展新格局，加快建设和完善覆盖城乡的全民健身公共服务体系，推动全民健身与全民健康深度融合，充分发挥全民健身的综合价值和多元功能，满足人民群众日益增长的多样化体育健身需求，为 2035 年全面建成体育强国和健康中国贡献力量。

2. 理念导向

①要继续坚持以人民为中心，确立以实现人人共享、普遍受惠为导向的全民健身公共服务均等化制度改革。要始终以满足人民群众日益增长的多元化健身需求作为出发点和落脚点，坚持问题导向，补短板、强弱项，统筹推进全民健身和健康中国国家战略，进一步明确构建更高水平的全民健身公共服务体系的主线任务，形成系统化、整体性的部署安排。

②牢固树立以“美好生活”为基准的更高水平全民健身公共服务理念。要想实现更高水平和更高质量的全民健身公共服务，需要不断提高质量和效益。判断全民健身公共服务是否高质量，体系建设是否达到更高水平，关键是看能否让人民群众在全民健身过程中有更多获得感、幸福感、安全感。“十四五”时期全民健身发展需要顺应时代诉求，丰富发展内容，稳固发展态势，提升发展质量，更要兼顾城乡、地域差异，满足人民群众不同种类、不同层次的健身需求。

③坚持融合创新发展理念，鼓励科技发展与智慧赋能相链接。要充分利用物联网、云计算、大数据等现代科技，积极探索新技术、新业态、新模式，深化全民健身智慧赋能，实现全民健身全要素数字平台一体化、健身设施信息化、健身服务网格化。要从主要依靠集中资源投入的粗放型发展模式向注重科技引领、创新驱动的集约型发展模式转变，以群众需求为中心，做优增量，盘活存量，避免无效、低效供给，保障全民健身资源投入的持续效益。

3.“十四五”时期及中远期主要目标

“十四五”时期的主要目标是到2025年，我国全民健身取得更高水平、更高质量的发展，即全民健身工作的体制机制更加健全，信息化程度大大提高，“党委领导、政府主导、社会协同、公众参与、法治保障”的全民健身工作格局基本形成。

“十四五”中远期主要目标是到2035年，建成与基本实现现代化相适应的全民健身公共服务体系，即全民健身更亲民、更便利、更普及，人民健康水平大幅提升，全民健身全面融入社会主义现代化强国建设新征程和第2个“百年奋斗目标”，成为体育强国、健康中国建设的基础性支撑，成为中华民族伟大复兴的标志性事业。

三、民众健身意识

（一）民众健身意识的苏醒

面对国内与国际疫情的严峻形势，后疫情时代全民健身应积极发挥应有的功能，主动承担提升民众幸福感和获得感的任务，并发挥体现在全民健康保卫上应有的责任。在新型冠状病毒肺炎疫情爆发后，居民个人健康防护意识提高，运动健身需求呈现爆发式增长。在防控疫情常态化背景下，广大民众会保持运动健身习惯，居家健身服务有望迎来新的春天，稀缺产品和服务将在市场中充分受益，倒逼我国全民健身工作深入反思极端突发状况下的转型发展之道。居家健身服务是我国全民健身服务体系链条中十分重要的一环，是居民迈向主动健康生活方式的最后一公里。毫无疑问，此次疫情对全民健身诸多细分领域产生了重大影响，出于疫情防控而采取的应急措施也将长时间影响百姓运动健身的内容和方式，各地方全民健身赛事活动服务供应链受到严重冲击，我们有理由相信在今后很长的一段时间内其还将继续影响居民的生活方式和健身需求。

全民健康是国家综合实力的重要体现，是经济社会发展进步的重要标志，实施全民健身计划是国家的重要发展战略。《“健康中国2030”规划纲要》中也提到：要广泛开展全民健身运动，加强体医融合及非医疗健康干预，通过推动重点人群的体育运动等形式来提升全民的身体素质。运动是提高人体免疫力的主要内驱力，推动全民健身运动的广泛开展，是新时期国家面临疫情危机并实施积极防控的主要手段。

“云健身”成为热词，国家体育总局也有“科学健身微视频”专栏，通过“全民健身”“中体全民健身”以及“青少年体育发展”等微信公众号发布关于居家锻炼的方法。通过“云健身”在各大平台迅速传播和人们参与的热情，可以看到全民健身强大的号召力与感染力。无论是在疫情期间，还是疫情过后，要把全民健身的作用发挥到极致，及时稳定社会群众的情绪，通过体育锻炼将人们焦虑、不安、压抑，甚至不满的情绪以运动的方式进行转移，既可以强身健体增强免疫力，又可以稳定社会秩序，使人们充分认识到休闲是全民健身文化的核心，让它成为推动全民健身发展的一种文化动力。

此外，现代科学的发展拓展了人类对体育学、人体健康的认知，现代体育所倡导的身体运动和健身方式开始与预防医学和康复医学实现学科间的交叉融合，于是通过身体锻炼以实现健康成为民众的普遍认知。这场疫情在身体和心理上都给民众带来了一定程度的伤害，人们通过对新型冠状病毒的治疗方案以及不同人群的患病比率等信息的了解，发现自身健康以及免疫力强的人，在对抗新型冠状病毒上有一定的优势，因此自身健康和提高免疫力成为进行居家健身的内部驱动力。

自我决定理论认为，在充分认识个人需要和环境信息的基础上，个体对自己的行动会做出自由的选择。驱力、内在需要和情绪这三种动机来源会相互影响、相互侵占和相互干扰，也可能联合起来产生多重动机。在疫情发生之后没有锻炼行为的人，其身体健康的意识由于外部、内部的需要也被激发出来，使更多的人进行居家锻炼。从获得感的调查结果来看，人们对居家体育锻炼的认可度较高，参与锻炼的人都获得了较好的运动感受，并从中受益。这在一定程度上会引起大众体育活动驱动机制的改变，促使群众体育由组织向碎片化转变，居家健身已然成为人们保持健康的重要方式。

（二）民众终身健身意识的形成

人们逐渐认识到身体健康的重要性，对于家庭场所的认知也在改变，休息之余亦能充分地利用时间。打造家庭式健身环境是全民健身计划现阶段的首要任务。家庭式健身环境可以帮助人们改善心情、缩减来往于健身锻炼场所的时间、激发锻炼的热情。

全民健身可以带动家庭体育的发展。家庭体育对促进家庭成员的和谐、身体健康、运动意识的形成以及养成运动习惯等方面具有非常好的效果。家庭体育观念的潜移默化作用也对家庭成员养成良好体育锻炼习惯以及提高各项身体素质具有一定的影响。

第二节　运动健身市场发展概述

一、运动健身市场发展历程

（一）起步阶段

自20世纪80年代我国实行改革开放以后，简·方达的健美操引入中国，以器械训练为主的健身房和以健美操为主的跳操房开始出现。这一时期的健身项目只有健美器械练习和健美操，所需的投资很小、规模也很小，经营面积大多只有几百平方米。

客户主要为追求时尚的年轻人，他们强调身材健美，当时人们的健康意识还较为淡薄。进入20世纪90年代，随着我国经济的发展，人们生活水平的提高，健康意识逐步增强。这一时期，马华的“健美5分钟”使健身操在中国迅速流行，大量面向大众消费的体育俱乐部应运而生，有氧健身运动逐渐为人们所接受。1995年6月16日，为了推进体育产业的快速发展，国家体委发布了《体育产业发展纲要》。1995年6月20日，国务院颁布了《全民健身计划纲要》。与此同时，健身俱乐部的经营面积开始扩大，出现了1000平方米以上的俱乐部。但是投资者资金有限、管理方式陈旧、设备质量低下、技术服务水平滞后等因素制约了俱乐部的发展，难以产生大规模的经济效益。

（二）飞速成长阶段

进入21世纪，随着城市人民生活水平的进一步提高和健身意识的提升，特别是2001年北京申奥成功，在全国范围内迅速掀起了体育健身的热潮。在这一时期，浩沙、一兆韦德、青鸟、力美健、英派斯等国内大型健身俱乐部纷纷成立，加州健身、健乐菲利斯、宝力豪等国际知名健身俱乐部也开始进驻中国市场，我国的健身市场进入快速发展期，尤其是2004年以后，健身俱乐部呈现爆发式增长，大大小小不同级别的健身俱乐部陆续开业，其中不乏大型连锁品牌俱乐部。此时健身房分布仍以一线城市为主，但逐渐开始向二线城市扩张。

（三）短期调整阶段

21 世纪初，由于我国的健身市场仍处于快速发展初期，尚缺乏统一的行业标准，专业化程度和管理水平较低，市场短期和投机行为较为普遍，同质化竞争严重，盈利模式单一，导致相当部分的会所恶性低价竞争。同时，健身会所的经营成本不断上升，相当部分会所陷入微利甚至亏损状态。健身服务业呈停滞甚至倒退状况，行业发展遇到困难。但与此同时，具有先进经营理念、盈利模式多元化、专注主业、不追求盲目快速扩张的综合性健身会所在这一时期持续稳健成长，并随着其会所数量的稳步增加，健身服务产品不断丰富，营销手段不断创新。

（四）二次发展阶段

近年来，随着大数据、云计算、移动互联网的飞速发展，“互联网 +”渗透健身行业，运动健身行业进入“互联网 +”时代，中小型健身工作室、24 小时健身房等运营模式的变化使健身行业蓬勃发展起来。同时，科技的应用为健身行业的升级起到了助推作用，如 Keep 等互联网企业带动了大众运动健身生活方式的转变升级。

二、新时期运动健身市场发展探索

在互联网快速发展的影响下，线上和线下健身融合发展成了当前运动健身市场的主流发展趋势之一。线下教练开网课搞直播，线上平台发力健身主题产品，线上线下相互渗透、融合发展，正成为健身行业新态势。线下课程有教练的指导监督，线上课程内容丰富。线下和线上课程在客观条件上有场景和时间区别，能满足不同用户的需求。在健身时，良好的指导和监督作用是目前线下课程服务突出的优势；线上课程服务则具备丰富的课程内容，方便进行深度学习，用户可以更加灵活地选择运动健身时间和场景，降低运动健身的综合成本。比如健身用户在线下学习新的东西时，教练可以手把手、面对面地进行教学，及时纠正用户练习时出现的错误动作，并进行科学的健身指导。而在线上用户可以通过各种健身 APP，随时随地对已学内容反复复习。因此通过互联网，构建与线下健身相融合的平台，从健身课程、预约服务等各个方面，将健身用户、教练和健身房之间的需求科学优化，为用户提供不受时空限制的便利，实现健身房与健身用户间的无缝对接。

随着互联网以及移动服务技术的高速发展，市面上涌现出一大批 APP，这些 APP 已经成为人们生活中的一部分。人们可以利用这些 APP 获得更加便利的服务，生活方式也发生了巨大的改变。在互联网时代背景下，伴随着人们对运动健身的关注，出现了越来越多的运动健身类 APP。运动健身 APP 作为人们运动的载体，能够通过互联网跟用户更好地连接在一起，满足人们的运动体验，也因此受到了一大批用户的热爱，如 Keep APP。

Keep APP 包含着跑步、骑行、饮食、单车、瑜伽和装备购买等一系列完备的功能。它的功能是非常明确的，用户可以根据自身的需求找到相应的训练内容，而且当用户搜索某一训练内容之后，Keep APP 会自动预测到用户接下来的运动需求。它主要具有记录用户的运动数据、卡路里消耗、健身训练指导等方面的功能。Keep APP 提供的训练视频指导里面还包含着对该课程的详细介绍，标注着难度等级与运动时间，还有预计消耗的卡路里数值，以及练习的频次和是否需要运动器械。

健身休闲产业作为一个服务行业，面向的对象不仅具有跨年龄、跨文化、跨地域等多个特色，更面临需求动态化、精细化、多元化的局面。因此，该行业的发展对未来的从业者的实践能力、变通能力、创造创新能力提出了更高要求，因此在职业能力素养发展趋势上提出了综合化、成长化、动态化要求。国务院办公厅印发的《关于加快发展健身休闲产业的指导意见》（国办发〔2016〕77 号），明确提出 2025 年的健身休闲产业发展格局和 3 万亿的市场发展目标。特别是提出了“布局合理、功能完善、门类齐全”的发展格局要求，这种发展格局必然对未来职业从业者提出了动态化、综合化和成长化的从业要求，当前健身教练和以健身技能教育为主的健身机构是该产业从业门槛最低和流动性最高的部分，而竞争力也是最弱的，因此具有较高的可替代性，在激烈的同质化竞争中越来越缺乏生存空间。这也足以说明只有不断适应市场发展和产业发展趋势，才能提升竞争力和生存能力，使得健身休闲产业领域的从业者职业素养的价值和地位更为凸显。未来的健身休闲产业从业者必须具有较高水平，才能适应国民健康水平的需要和健身休闲产业供给侧结构性改革的要求，才能在人才建设层面加快健身休闲产业发展。

第三章　私人教练应当具备的素质

随着健身市场的完善，私人教练的准入门槛也随之提升。当好一名私人教练，不仅要有专业的健身技能知识，同时还要具有其他素质水平，如从业道德规范、从业法律规范、私教服务纠纷防范技巧等。除此之外，新时期的私人教练还要具备一定的市场营销技能，如市场营销基础理论知识等。私人教练在日常工作当中，也应当学会灵活使用潜在客户营销和销售技巧，并针对所在健身俱乐部以及当地市场情况，制订相应的营销计划。与此同时，私人教练在市场营销过程中也要学会深度营销，即对现有客户进行深入挖掘，最大限度开发现有客户的潜质。为了更好地阐述如何做好一名私人教练，本章将从以上几个方面对其展开深入论述。

第一节　私人教练必备的专业技能知识

一、常用专业术语

（一）常用动作术语

健身运动不仅内容丰富，而且健身动作繁多。为了便于私人教练指导健身房会员练习和掌握正确的技术动作，下面介绍一些最基本的和主要的，也是概括性的动作术语。

1. 屈

屈：关节的弯曲或关节角度的缩小，如屈臂、屈腿、屈体、前屈、后屈和侧屈等（见图 3-1-1）。

图 3-1-1　屈

2. 伸

伸：关节的扩展与伸直，如伸臂、伸腿、伸腰或前伸、后伸和侧伸等（见图 3-1-2）。

图 3-1-2　伸

3. 举

举：臂和腿由低部位向高部位抬起或托起（活动范围不超过 180°），并停止在某一部位的动作，如向上推举、侧平举、侧上举和仰卧腿举等（见图3-1-3）。

图 3-1-3　举

4. 推

推：锻炼者向外用力使器械的某一部分顺着用力的方向移动，如向上推、向前推等（见图 3-1-4）。

图 3-1-4　推

5. 牵引

牵引：锻炼者用力使器械朝自己所在的方向或跟着自己移动，也就是通常说的“拉”的意思（见图 3-1-5）。

图 3-1-5　牵引

6. 挤压

挤压：锻炼者对器械施加压力或用力使器械紧紧靠拢在一起（见图 3-1-6）。

图 3-1-6　挤压

7. 蹲

蹲：两膝并拢或分开同时屈膝下蹲的姿势（见图 3-1-7）。

①全蹲：也叫深蹲，大腿与小腿之间的夹角小于 90°。

②半蹲：大腿与小腿之间的夹角约等于 90°。

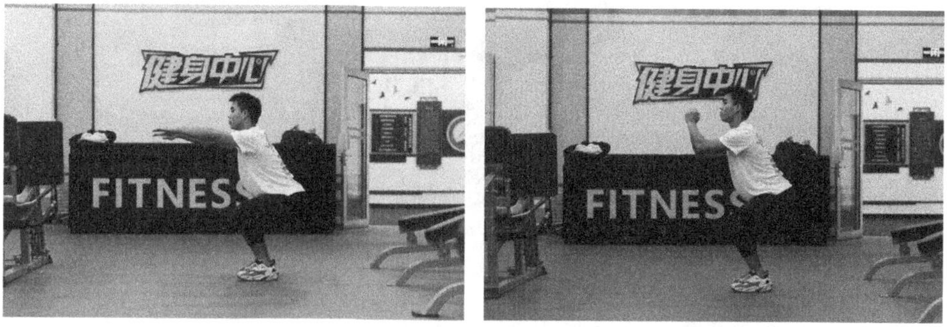

图 3-1-7　蹲

8. 撑

撑：两手或只用身体某一部分支撑在地面上和器械上的姿势。

①支撑：两手、臂和身体其他部位撑器械，但肩轴高于或平于器械轴的姿势，如双杠直角支撑等（见图 3-1-8）。

图 3-1-8　支撑

②俯撑，两手和两脚撑地，身体和两臂伸直，胸腹部朝向地面或器械的姿势（见图 3-1-9）。

图 3-1-9　俯撑

③侧撑：一手和脚撑地或器械，身体伸直，身体朝向地面或器械的姿势（见图 3-1-10）。

图 3-1-10　侧撑

④蹲撑：下蹲，两膝并拢或分开，两手撑地或器械的姿势（见图 3-1-11）。

图 3-1-11　蹲撑

⑤跪撑：两手和膝撑地，上体与地面平行，两臂、大腿与支撑面呈垂直姿势（见图 3-1-12）。其他跪撑姿势要加以说明，如左膝跪撑、右腿后举等。

图 3-1-12　跪撑

9. 卧姿

卧姿：上体躺在地面上或器械上的姿势。

①仰卧：胸腹部向上，身体伸直躺在地上或器械上的姿势（见图 3-1-13）。

图 3-1-13　仰卧

②俯卧：腰背部和臀部朝上，身体伸直躺在地上或器械上的姿势（见图 3-1-14）。

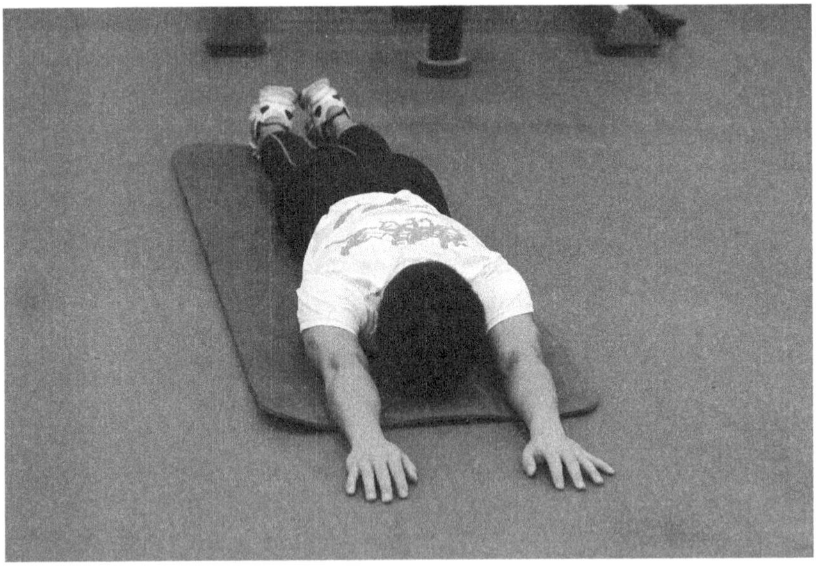

图 3-1-14　俯卧

③侧卧：身体伸直侧向躺在地上或器械上的姿势（见图 3-1-15）。

图 3-1-15 侧卧

10. 悬垂

悬垂：双手握器械时，身体其他部分接触地面或器械，但肩轴低于器械轴的一种姿势，如单杠悬垂举腿（见图 3-1-16）。

图 3-1-16 悬垂

11. 踢

踢：单腿做用力加速摆的动作，如前踢、侧踢（见图 3-1-17）、后踢、内绕踢、外绕踢等。

图 3-1-17　侧踢

12. 跳步

跳步：两脚离地全身向上、向前或向侧的脚步姿势。其包括并步跳、提膝跳（见图 3-1-18）、钟摆跳、挺身跳、转体跳、弹踢跳、跨跳、交换腿跳和弓步跳等。

图 3-1-18　提膝跳

13. 弓步

弓步：一条腿向任何方向迈出一大步，同时膝关节弯曲呈 90° 角；另一条腿屈膝，脚尖点地（见图 3-1-19）。按照动作的方向弓步可分为侧弓步、前弓步、后弓步。

图 3-1-19　弓步

14. 平衡

平衡：用手、脚、手和脚或身体某一部分支撑在地面或器械上，使身体保持一定的静止姿势（见图 3-1-20）。通常的平衡动作可分为以下几种。

①俯平衡（燕式平衡）：一腿站立，上体前倾至水平部位，另一腿后举至极限，同时两臂侧举。

②侧平衡：一腿站立，上体侧倒至水平部位，另一腿侧举，同时举腿的同侧臂上举，另一臂在背后。

③仰平衡：一腿站立，上体后倒至水平部位，另一腿前举，同时两臂侧上举。

图 3-1-20　平衡

（二）常用健身术语

对于健身及健身产品了解越多，就越容易实现既定目标。为了帮助私人教练学习，下面将讲述一些常用的健身词汇及其以健身为主的定义。

1. 有氧运动

有氧运动是指使用氧气、碳水化合物和脂肪补充能量，强度适中的长时间运动，如慢跑、骑单车、划船、越野滑雪等。

2. 无氧运动

无氧运动是指使用碳水化合物补充能量、强度大的短时间运动，如短跑、举重等。

3. 基础代谢率

基础代谢率（BMR）是指身体在休息时为了维持正常的身体功能而消耗的热量。

4. 生物力学

生物力学是指生物的力学研究，特别是肌肉的作用力和骨骼结构上的重力。

5. 卡路里

卡路里是指热量单位，1 卡路里等于 1 千克水在 1 大气压下上升 1℃所需的热量，也称为大卡。

6. 碳水化合物

碳水化合物是一种有机物，包括糖、淀粉、纤维素和果胶类等，是运动期间的主要能量来源。

7. 放松

放松是指在高强度有氧运动和结束锻炼之间的低强度有氧运动时间。

8. 交叉训练

交叉训练是指进行不同的运动以锻炼身体不同部位的肌肉的训练。

9. 运动强度

运动强度是指训练期间根据训练者心率测出的工作强度。由于呼吸速率和出汗量与个人密切相关，因此心率是运动强度的可靠指标。

10. 疲劳

疲劳是指由于用力而产生的疲倦或疲惫。

11. 惯性

惯性是指身体保持之前的趋势（之前在休息，仍保持休息趋势；之前在运动，仍保持运动趋势），除非被外力中断。

12. 代谢当量

代谢当量（MET）是评估能量消耗的实用指标。一个代谢当量相当于每分钟、每千克体重 3.5 毫升的耗氧量。常用代谢当量来衡量心功能和运动强度。

13. 新陈代谢

新陈代谢是指身体休息或锻炼时处理的特定物质总量。

14. 自觉疲劳

自觉疲劳是指一个人在锻炼中对于疲劳程度和训练强度的感知性量度。

15. 休息心率

休息心率是指休息时的心率。

16. 静态拉伸

静态拉伸是指拉宽 / 拉长肌肉并保持稳定点在 20 秒的时间内不会发生反冲。

（三）常用名词术语

1. 清晰度

清晰度是指肌肉能看出明显的线条，没有过剩的脂肪。

2. 纯肌肉块

纯肌肉块是指身体内纯肌肉的量。

3. 块

块是指肌肉块大小或围度。

4. 肌肉型

肌肉型是指肌肉块和肌肉线条的结合。

5. 停息时间

停息时间是指每一个动作中组与组之间或不同动作之间的休息时间。

6. 训练组数

在一个动作中，使肌肉来回收缩和伸展，达到规定的次数，即完成一组训练，而这个锻炼的动作所经过的组数即训练组数。

7. 练到极限次数

在一组训练中，直到最后不能再完成一次完整的动作所经过的训练次数。

8. 腹肌

腹肌是指组成腹部的肌肉组织。腹直肌位于腹肌前方，被称作六块腹肌。其他的肌肉，从外向内依次是腹外斜肌（外部斜肌）、腹内斜肌（背部斜肌）、腹横肌以及腹腔最深处的肌肉。

9. 极限训练

极限训练是指使肌肉用力到极限程度。

10. 体脂

体脂是指身体储存脂肪的水平。

11. 超量消耗

超量消耗是指精神状态和身体处于疲劳状态（运动过度）。

12. 心血管训练

心血管训练是一种针对心脏和肺功能的训练。

13. 三角肌

三角肌是指肩部皮下，从前、后、外三侧包裹肩关节，形似三角形的多羽肌。

14. 耐久力

耐久力是指使肌肉产生一段时间继续活动的能力。

15. 雌性激素

雌性激素是指女性荷尔蒙。

16. 曲杠

曲杠是指一种特殊弯屈的横杠，用于锻炼肱二头肌和肱三头肌。

17. 柔韧性

柔韧性是指人体各关节的活动幅度，即关节肌肉、肌腱和韧带等软组织的伸展能力。

18. 强迫次数训练

强迫次数训练是指在同伴帮助下，用力完成一组训练中的最后几次试举。

19. 自由调节重量器材

自由调节重量器材是指杠铃和哑铃等可自由调节重量的器材。

20. 训练手套

训练手套是指保护手掌不生茧子的非皮质手套。

21. 臀部

臀部是臀大肌的简称（包括臀小肌、臀中肌和臀大肌）。

22. 运动训练强度

运动训练强度是指在训练过程中单位时间的运动负荷。

23. 运动学

运动学是指研究步行时肌体运动时间和空间变化规律的科学方法。

24. 背阔肌

背阔肌位于腰背部和胸部后外侧的皮下，为全身最大的扁阔肌。

25. 腿保暖器

腿保暖器是一种套在小腿上的保暖套，使小腿保暖。

26. 黏滞点

黏滞点是指在一个动作的局部次数中，把重量推到最后还有几寸距离时，再也举不起的位置。

27. 训练垫

训练垫是一种专门用于卧在地上练动作的海绵垫。

28. 极限重量次数

极限重量次数是指在任何动作中举最大重量时，只能举一次。

29. 奥林匹克杠铃

奥林匹克杠铃是指在奥运会比赛中用的成套杠铃。

30. 坐式夹胸器械

坐式夹胸器械是一种专门锻炼胸大肌的器械。

31. 胸大肌

胸大肌是指位于胸前浅层的扇形扁肌。

32. 力量

力量是指肌肉通过随意收缩克服阻力时所表现出来的力值。

33. 体力

体力指肌肉产生最大力量的能力。

34. 斜方肌

位于项部和背部的皮下，一侧呈三角形，左右两侧相合成斜方形的肌肉。

35. 三头和二头

三头和二头是肱三头肌和肱二头肌的简称。

36. 热身活动

热身活动是一种增加血液循环的成套活动，是进入训练前的准备活动。

二、健身锻炼指导技巧

（一）基础指导

健身锻炼的实质就是对人体体质的增强和体形体态的塑造。然而，要塑造出一个完美的体形体态和强健的体魄，首先必须要了解人体的解剖生理结构，如骨骼、关节、肌肉（包括起点与止点，肌肉纤维走向）、韧带等知识。当健身房会员初步了解了人体解剖生理的基本结构和特征后，在动作的设计方面就会尽可能地做到科学、准确和完美。但是，由于人是运动的活体，初学者在练习过程中往往会改变动作的原先设计意图，这就要求健身教练在教学指导的过程中，要特别注意锻炼动作的常变因素和把握锻炼动作的变形时机，以便能够充分地获取锻炼动作所应有的效果。在锻炼过程中，健身教练应在现场监督锻炼进行的情况，这对于初次参加健身锻炼的健身房会员或对锻炼经验缺少的会员来说非常重要。首先，在安全方面起到监督与保护作用，其次，在动作技术和运动量方面起到示教与指导作用。尤其是当练至疲倦、注意力不集中、动作变形时，通过口语性、非口语性的提示，能对锻炼效果的提高起到事半功倍的作用。

（二）锻炼指导方法

1. 剖析动作

在锻炼过程中，健身教练应经常性地给健身房会员剖析与运动有关的动作，尤其是对新的会员，通过经常性的剖析动作，可使其加深对动作本质的了解，在锻炼中抓住动作的要点，避免错误动作或运动损伤出现，建立正确动作的动力定型。

2. 关注身体的稳定性

身体的稳定性对锻炼效果的影响很大。如不同的身体稳定性，就会形成不同人体重心的移动，使所锻炼的肌肉负荷加以改变，或使锻炼动作变形。因此，在锻炼过程中，首先，要保持正确的身体姿势和位置，如仰卧在长凳上等；然后，从稳定身体方面去考虑稳定因素，如不参与运动的肢体、人体重心和参与运动的肢体等，并经常对易犯的错误进行提示，同时评估稳定所处的局限程度。

3. 运用阻力负荷锻炼

为了使参与锻炼的肌肉群在阻力负荷锻炼中达到适量的刺激，防止出现疲劳过度或损伤的情况。在阻力负荷锻炼的过程中，健身教练特别应注意以下几方面的问题。

①不宜选用过重的重量，以免运动时产生对肌肉的集中刺激。例如，当健身房会员为维护“自尊”而尝试大重量时，健身教练应说服健身者以自己能控制的重量进行锻炼，并询问健身者的感觉（如痛苦增加了还是减少了），并说明运用不当的动作姿势时所产生的不良后果。

②如何从支架上将重量提起开始练习，以及完成动作后将它放回原处。

③根据健身房会员的本体感觉、动作控制的能力，选择并制定适当的阻力负荷锻炼。

④运用语言或动作提示，帮助健身房会员在运动锻炼过程中做到“控制、稳定和集中”。

⑤不要加入一些与锻炼无关的动作。

⑥对局限程度作出评估，如反应性、适应性和耐受性等。

⑦不宜使用过大重量，以防肌肉锻炼出现过度疲劳。

（三）锻炼课的实施方法

1. 热身活动

热身运动一般分为两种形式。

①一般性热身：使全身微微出汗。

②专项性热身：其目的包括增加运动肌肉的血流量、增强运动神经的学习能力和以循序渐进的方法确定理想的锻炼重量等。例如：逐渐使从身体及心理上对较大重量做出准备；不要低估或高估理想锻炼的重量，重量的改变应视身

体的恢复因素而定，如营养、压力、睡眠、与上次运动相距的时间（太长或太短）、连续的超负荷（连续锻炼天数太多）等；当进行某个重复次数锻炼时，如果客户认为多重复 1 次或 2 次会增加肌肉疲劳，那么该重量便是客户理想的锻炼重量，再递增重量时就应从少重量开始。

2. 以理想重量进行锻炼

在完成热身活动经过数组锻炼后，当肌肉群第一次感到疲劳时，必须降低重量以便继续练习，防止运动量的失控。同时尝试进行第二个动作练习，因为不同的运动过程肌体所处的位置不同，其承受的负荷力也是不相同的，如关节肌肉的位置或双关节肌肉的关节位置、幅度上的位置、动作阻力幅度上的位置等。而且，在锻炼过程中要从 1 ～ 2 组的练习动作中找出理想的锻炼重量。若发现动作失控或肌肉感觉不佳应停止锻炼。

（四）器械锻炼方法与指导

1. 锻炼强度对于成功至关重要

对任何一种锻炼方法而言，一个最重要却常常被忽略的方面就是锻炼强度——客户给自己加了多大劲。

这些练习动作，耗时虽然不长，但有些强度很高，客户需要有毅力和决心才能完成。要想看到这套方法的最佳效果，客户得准备好把舒适抛在一边。如此，客户会脱胎换骨。

塑造良好身材需要客户做出牺牲，不是牺牲时间，而是需要客户把目标看得比享受安乐更重要。

在生活中任何事情都会对人的行为模式和习惯造成潜移默化的影响。如果经常半途而废或者消极怠工，那么当人需要负重前行的时候，很有可能再一次退缩。类似的，每一次人心无旁骛迎难而上时，意志力都会变得更强。人们现在的行为直接影响其将来的行为。

如果客户发觉自己在某次锻炼结束后有一点儿愧疚，怀疑自己本可以做得更好，那就下定决心下一次多完成几次反复。决定自身是继续提高还是停滞不前的通常就是需要自身拼尽全力才能完成的最后几次反复，人的锻炼水平越高，就越是这样。阿诺德·施瓦辛格曾说："促使肌肉生长的是每一组的最后几次反复。"

在介绍很多练习动作时，大部分私人教练都会告诉客户如何"升级"——做某个动作的难度更高的变式。当然，有很多办法可以加大阻力，具体如下：

升高或降低支撑点的高度；选择不稳定的支撑点；在动作的起始、结束或中间位置坚持一会儿；仅使用单侧肢体来完成动作，使用单侧肢体来完成动作不仅能调用目标肌肉中的更多肌纤维，还能更多地锻炼那些用于维持平衡的肌肉。

2. 挑战极限

施以正确的刺激，肌肉才能增长，有时候人必须达到肌肉力竭甚至超过这一极限才行，尤其是当人的水平已经比较高的时候。需要注意的是不要滥用这些技术，以防锻炼过度。一组动作做到力竭或者几乎力竭后，可以尝试下面这些方法。

①继续做这一动作的难度略低的变式或另一种能锻炼相同肌肉的动作，直到力竭。例如，如果之前的动作是将脚架在桌子上做俯卧撑，那做到力竭后，可以把脚放在地上继续做俯卧撑，直到再也不能多完成一次反复。如果之前是双手撑在桌子上，那就试着将手撑在更高一些的地方，如窗台上，再完成几次反复。

②试着延长最后一个反向动作的时间，这是许多私人教练常用的一个技巧。例如，最后一组中式俯卧撑做到了力竭，那就要先回到起始姿势，然后试着尽可能慢地让头贴近地板，整个过程要用力坚持住。如果实在没有力气，可以先借力回到起始姿势，如在撑起时弯屈双膝；“偷懒”之后，再以非常慢的速度做反向动作。

③尽可能长时间地保持完全舒展或收缩的姿势。有意在一个动作最难以坚持的位置停顿 3 秒（通常在动作的中间位置）是克服黏滞点和发展力量的好办法。例如，在做一组引体向上或俯卧撑时，每次在肘关节（前臂和上臂的夹角）呈 90° 时都停顿一会儿。

④力竭之后，再做几个半程动作收尾。

⑤也可以将上述技巧组合起来使用。

3. 锻炼方法

在学会了练习动作之后，人们肯定会想根据自己的需求打造专属于自己并且可以无穷无尽地调整和改变的健身计划。人们不需要在健身房中锻炼，也不需要吸引眼球，即不需要为自身的虚荣心而锻炼。人们应该专注于锻炼自身的肌肉，从而把这些动作做对做好。

（1）练习组和反复

练习组和反复是健身计划中最常用的计量单位。1 次反复是指某个练习的 1 个完整动作，如 9 个俯卧撑即为 9 次反复。1 个练习组是指从头到尾做一系列完整的反复，如 9 个俯卧撑即包含 9 次反复的 1 个练习组。

在健身计划中，组数在前，其后是反复次数。例如，3 × 12 是指该动作做 3 组，每组 12 次反复。

（2）练到力竭

练到力竭是指人们不间断地做 1 组练习，直到无法再多完成 1 次反复。这样做时锻炼强度很大，需要很大的动力和决心，但这绝对“物有所值”。正是那最后一次反复向身体传递了需要增强力量和增加肌肉的信息，在此之前的所有练习组和反复的目的是使其达到力竭的临界点。

（3）锻炼频率

每个肌肉群每周只需锻炼 1 次。可以将动作分 4 部分：推力、拉力、核心区和腿部。也可以延续之前在健身房里的套路。肌肉群分类如下。

①肩部（8 ～ 12 组）。

②肱三头肌（6 ～ 9 组）。

③胸部（8 ～ 12 组）。

④背部（8 ～ 12 组）。

⑤肱二头肌和前臂（6 ～ 9 组）。

⑥核心区（6 ～ 9 组）。

⑦大腿（8 ～ 12 组）。

⑧小腿（8 ～ 12 组）。

如果每天锻炼 2 个肌肉群，那一周只需要锻炼 4 天。如果每天只锻炼 1 个肌肉群，那锻炼强度就可以很高，可能一周锻炼 5 ～ 7 次。

可以使用标准的、已经得到验证的、典型的力量锻炼方法：练一组练到力竭，休息 2 ～ 3 分钟后再做下一组；每个肌肉群做三四种不同的练习，每种练习做 3 ～ 4 组。

（4）阶梯组

阶梯组是指选择任意练习动作，先完成 1 次反复，休息一下，再完成 2 次反复，再休息一下，再完成 3 次反复……反复次数依次递增，直到如果再继续增加，就会在下一组达到力竭；达到最高点后，接下来每组的反复次数都比前一组少一个，直至最后一组只完成 1 次反复。

试着用这种方法做某个动作，做 10 分钟。如果完成了一个阶梯组，而时间还没用完的话，那就再来一个阶梯组。这是一种高次数、低强度的锻炼方法，可以很好地提高对动作的熟练度。

可以反复做某个动作，以正确掌握要领。如果在“上阶梯”的过程中达到力竭，那说明“上”得太高了。进行阶梯组锻炼时，完全可以只完成较少的反复次数——甚至在一次锻炼的结束阶段可以做只有 1 次反复的阶梯组，以免力竭。做那些需要交替锻炼身体两侧的练习时，两侧都要做到指定次数才能休息。

（5）双阶梯组

和阶梯组类似，只不过要接连完成两种练习动作。完成第一种动作的 1 次反复之后，立即做另一种动作，然后休息一下，再继续做第一种动作，这次要完成 2 次反复，就像阶梯组一样。两种动作的难度可能不一样，较难的动作，可以每次增加 1 次反复，而较简单的动作则每次增加 2 次、3 次或者 4 次反复，因动作和人而异。变式连续做两种动作，中间不能休息，直到力竭；然后再休息，休息时间大约与达到力竭所需的时间相等；休息之后，再用同样的方式“下阶梯”。

（6）计时训练

在给定时间内尽可能多地做一种动作。例如，10 分钟内尽可能多地做俯冲轰炸机（不管做了多少组），也可以在 20 秒的时间内尽可能多地做一种动作，然后休息 40 秒，然后再花 20 秒的时间做动作，这样反复，持续 20 分钟。通过增加或减少计时训练中每组动作的时间，可以有效地增强肌肉耐力或者肌肉力量。每组时间越短，强度就应该越强；时间越长，强度则应该越弱。时间短的组能增强肌肉力量，时间长的组则能增强肌肉耐力。

（7）循环训练法

做一系列练习动作，组间休息和不同动作之间的休息时间应该很短。所有大肌肉群都要锻炼到，锻炼每个肌肉群的动作至少做 2 组。对于那些时间紧张或者没耐心的人，这种方法可以把很多组、很多反复和不同练习集中在较短的时间里。设定每组练习所用的时间以及组间休息所用的时间可以有效地组织循环训练。例如，45/30 指的是每组 45 秒，组间休息 30 秒。选择的练习动作、锻炼时间以及锻炼强度决定了锻炼重点是增强肌肉力量还是肌肉耐力，抑或二者兼顾。

（8）主动恢复法

主动恢复法是指连续地做任意种类的中低强度练习，组间休息时间很短或者完全不休息，目的是在 20 ～ 60 分钟内维持目标心率。计算目标心率范围的方法是：先用 170 减去年龄，得出目标心率范围的上限，再用这一数值减 10 得出目标心率范围的下限。例如，对于年龄为 30 岁的人：170-30=140，140-10=130；目标心率范围就是 130 ～ 140。

4. 周期化训练

人的身体机能不可能始终严格地保持线性增长。如果使用传统的健身计划，有限的恢复力终有一天会不堪重负，锻炼效果停滞不前的时间会远超预期。私人教练的健身计划中经常采用的“周期化训练”正是用来解决这一问题的。它用专注于动作熟练程度和肌肉耐力的低强度期，有效地与高强度训练期相抵。

训练量：组数乘以反复次数。

训练强度：一个动作的难度。例如，单臂俯卧撑的强度要高于标准俯卧撑的强度。

成功的健身计划必须遵循的 6 个原则（坚持、恢复、规律、变化、进步、超负荷）受到高训练量、低训练强度向低训练量、高训练强度的周期转化影响。简单地说，一个健身计划应当从大量相对容易的练习过渡到少量难度较高的练习。这将提升运动技能，同时也能避免过度锻炼和伤病等常见问题。很多研究表明，周期化训练相比缺乏训练量和强度变化的非周期化训练在力量和身体机能上能产生更大的变化。

在周期化健身计划中，特定的技能使肌肉耐力、力量、爆发力分别在不同的阶段得到提升。

肌肉耐力：通常，在高训练量、低训练强度阶段训练肌肉耐力，私人教练的健身计划使用阶梯组而不是固定的组数和反复次数。

力量：在中等训练量、中等训练强度阶段训练力量，每组反复次数为 6 ～ 12 次。

爆发力：在低训练量、高训练强度阶段训练爆发力，每组反复次数为 1 ～ 5 次。这些阶段通过减少组数和（或）反复次数（训练量）同时增加阻力或提高动作难度（训练强度），从高训练量、低训练强度过渡到低训练量、高训练强度。

周期化训练可不止一种，根据个人的体能水平，最通行的两种周期化训练——线性周期化训练和每日波动周期化训练各有长短。正因如此，在制订健身计划时两种都可以使用。

（1）线性周期化训练

线性周期化训练（LP）是传统的，也是最流行的周期化训练方法。线性周期化训练以 2 ～ 4 周为一个阶段，线性地从高训练量、低训练强度过渡到低训练量、高训练强度。

随着总的反复次数减少和动作难度的增加，锻炼的重点从肌肉耐力过渡到力量再到爆发力。随着锻炼强度增加，组间休息时间也应增加。通常，肌肉耐力阶段有30～60秒的组间休息时间，力量阶段有90～120秒的组间休息时间，爆发力阶段有2.5～5分钟的组间休息时间。

这种强度逐渐增加的周期化训练方法适合于新手或者久未锻炼的人，因为采用这种锻炼法时，关节有足够的时间去适应新的动作，动作熟练性得以逐步培养。此外，高训练量、低训练强度锻炼能让新手看到很好的效果，这主要是因为动作熟练性提高以及避免了过度训练和伤病。高训练量、低训练强度阶段是了解和掌握各种练习及其变式的阶段，大多数练习都相对简单。

（2）每日波动周期化训练

每日波动周期化训练通过每天改变锻炼量和强度来提升不同的技能。增强肌肉耐力的高训练量、低训练强度训练日之后可能紧跟着就是增强爆发力的低训练量、高训练强度训练日，而接下来的一天则是力量训练。使用这种方法时，每天都有变化，人的身体始终保持新鲜感，并且情绪高涨。此外，它还能避免技能退化，因为一周之内所有技能都得到了提升。研究显示，这种周期化训练方法产生的力量增长的效率是传统线性周期化训练方法的2倍。每日波动周期化训练只适合于能够应对高强度训练而不会因此受伤的人。

三、身体结构知识

人体动作是通过人体内3个系统（骨骼系统、肌肉系统和神经系统）的功能性整合来实现的。骨骼、肌肉和神经必须协同工作，或相互联系（形成链条），才能做出某种运动（动力学的）或人体动作。负责人体动作的这3个系统也被称为动力链。人体动作系统的所有部分必须协同工作才能做出动作。如果其中一个系统不能正常运转，将会影响其他系统的工作，最终影响动作的完成。因此，了解人体动作所涉及的系统，以及它们如何协同工作、形成动力链以产生高效的动作，对于私人教练来说十分重要。

（一）身体的构造

1. 骨骼系统

骨骼系统（见图3-1-21）有多种重要功能，它不仅可以支撑和保护身体，进行身体动作，为身体造血和储存矿物质，还可以塑造人体的身材和外形。需要说明的是，骨骼系统的生长、发育和功能在很大程度上受身体姿势、身体活动和营养状况的影响。例如，营养水平较差和身体活动不足会导致骨质疏松，这对骨骼健康和人体动作都有负面的影响。骨骼系统是完成人体动作的重要部分，它与肌肉系统相互作用，共同完成相应的动作。肌肉通过肌腱连接到骨骼。

骨骼通过肌肉和结缔组织形成接合处。这些接合处被称为关节。关节是肌肉收缩产生动作的部位。

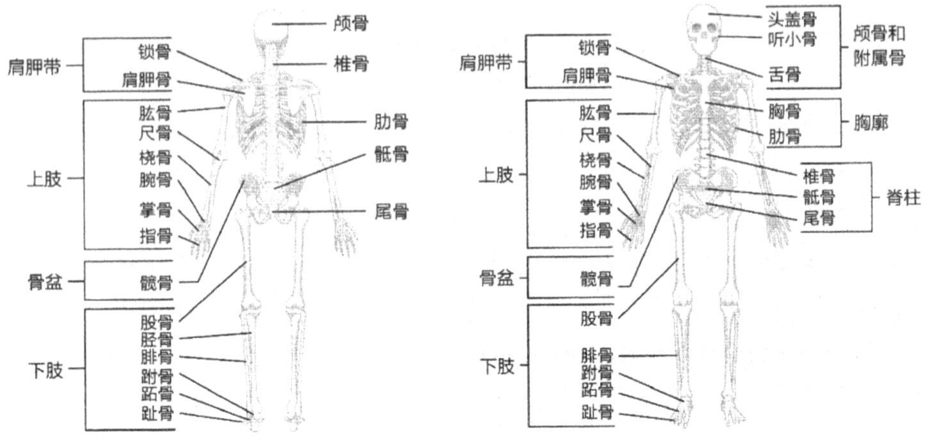

图 3-1-21　骨骼系统

（1）骨骼系统分类

骨骼系统分为两大部分：中轴骨骼系统和附肢骨骼系统。中轴骨骼由颅骨和附属骨、胸廓、脊柱组成。中轴骨骼有 80 块骨。附肢骨骼由上肢、下肢以及肩胛带和骨盆组成。通常认为，骨盆要么属于中轴骨骼系统，要么属于附肢骨骼系统，实际上它是这两个系统之间的纽带。附肢骨骼系统有 126 块骨。

骨骼系统共有 206 块骨，其中大约 177 块可在随意动作中使用。人体中的骨可以形成 300 多个关节。

在动作过程中，骨有两个重要的功能：一是充当杠杆，当肌肉对骨头施加作用力时，骨头就会充当杠杆；二是提供支撑，这个功能表现为身体姿势，对于有效分配施加在身体上的作用力是很有必要的。

（2）骨骼

骨骼系统有 5 种主要类型的骨骼（见表 3-1-1）。根据其形状、大小和骨组织的面积确定其分类。人体的骨头可以分为长骨、短骨、扁平骨、不规则骨和籽骨。

表 3-1-1　骨骼类型

骨骼类型	特征	示例
长骨	长管状，两端是形状不规则或膨大的骨端	肱骨、股骨
短骨	长度和宽度相近，其形状有点像立方体	腕骨、跗骨
扁平骨	很薄的骨，起保护性作用	肩胛骨、髌骨
不规则骨	具有独特的形状和功能	椎骨
籽骨	很小，通常是圆形的骨头，嵌入关节囊中或在肌腱跨过关节的位置	髌骨

①长骨。长骨（见图 3-1-22）的特点是其主体呈长管状（骨干），两端形状不规则或膨大。其形状很像光束，并略微弯曲，这对力的有效分布是很重要的。长骨主要由致密的骨组织构成，以确保其有足够的强度和刚度。然而，它们又同时有相当多的海绵状骨组织（骨松质），用于减震。上身的长骨包括锁骨、肱骨、桡骨、尺骨、掌骨和指骨等。而下身的长骨包括股骨、胫骨、腓骨、跖骨和趾骨等。

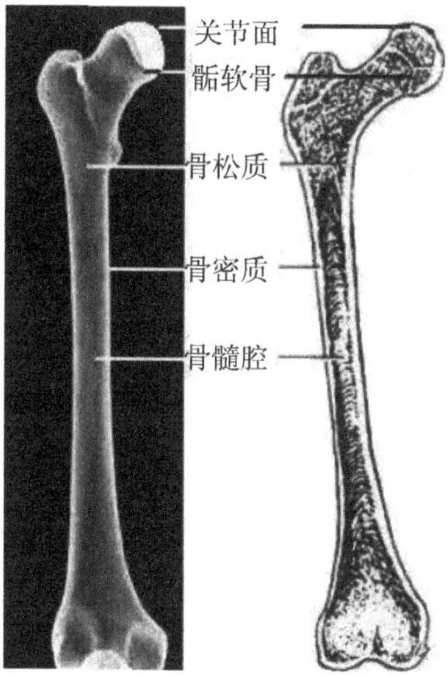

图 3-1-22　长骨

②短骨。短骨（见图 3-1-23）的长度和宽度相近，其形状似立方体。短骨的主要成分为海绵状骨组织，以最大限度地减震。上肢的腕骨和下肢的跗骨就属于这种类型。

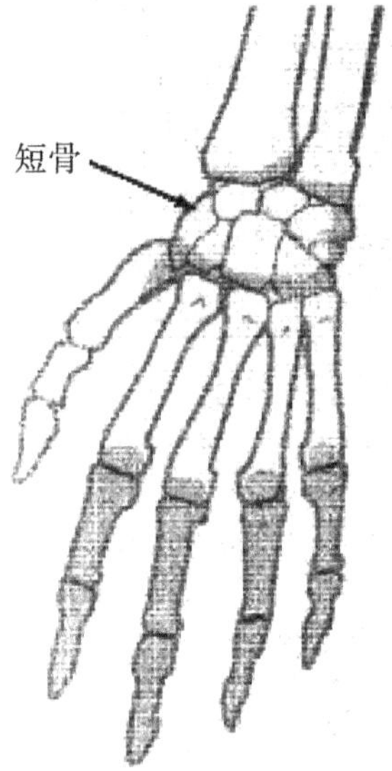

图 3-1-23　短骨

③扁平骨。扁平骨（见图 3-1-24）是很薄的骨，由两层致密的骨组织围绕一层骨松质组织组成。这种骨参与保护人体内部结构，并为肌肉提供宽广的附着点。扁平骨包括胸骨、肩胛骨、肋骨、髌骨和颅骨等。

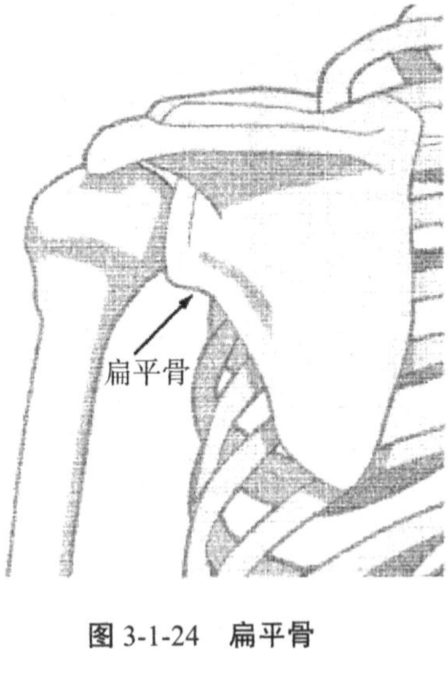

图 3-1-24　扁平骨

④不规则骨。不规则骨（见图 3-1-25）具有独特的形状和功能，与其他类型的特征不符。不规则骨包括椎骨、盆骨和某些面部骨骼等。

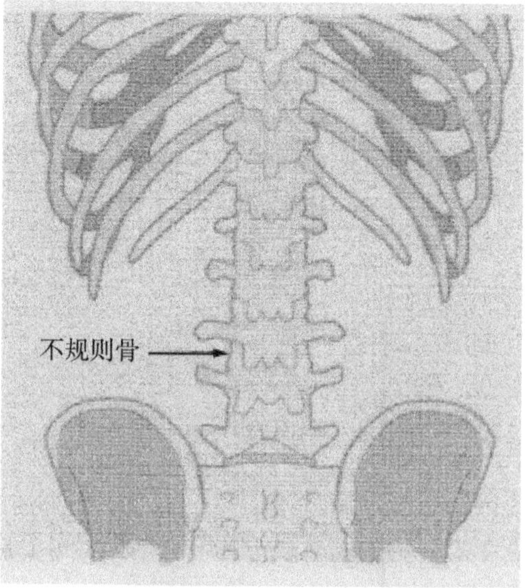

图 3-1-25　不规则骨

⑤籽骨。籽骨（见图 3-1-26）是嵌入关节囊中，或在肌腱跨过关节的位置的小骨头。籽骨存在于摩擦力或张力大的特定肌腱处。其作用是发挥骨骼杠杆的作用，保护关节不受损伤。

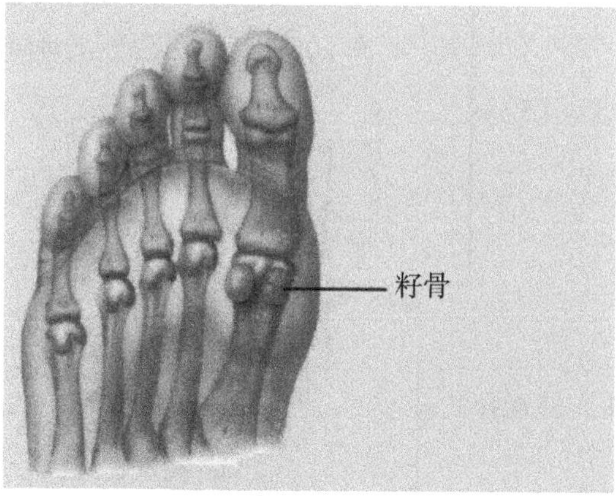

图 3-1-26　籽骨

（3）脊柱

脊柱由一系列形状不规则的骨头组成，这些骨头称为椎骨（见图 3-1-27）。根据在脊柱中所处位置的不同，椎骨可以分为 5 类（见表 3-1-2）。

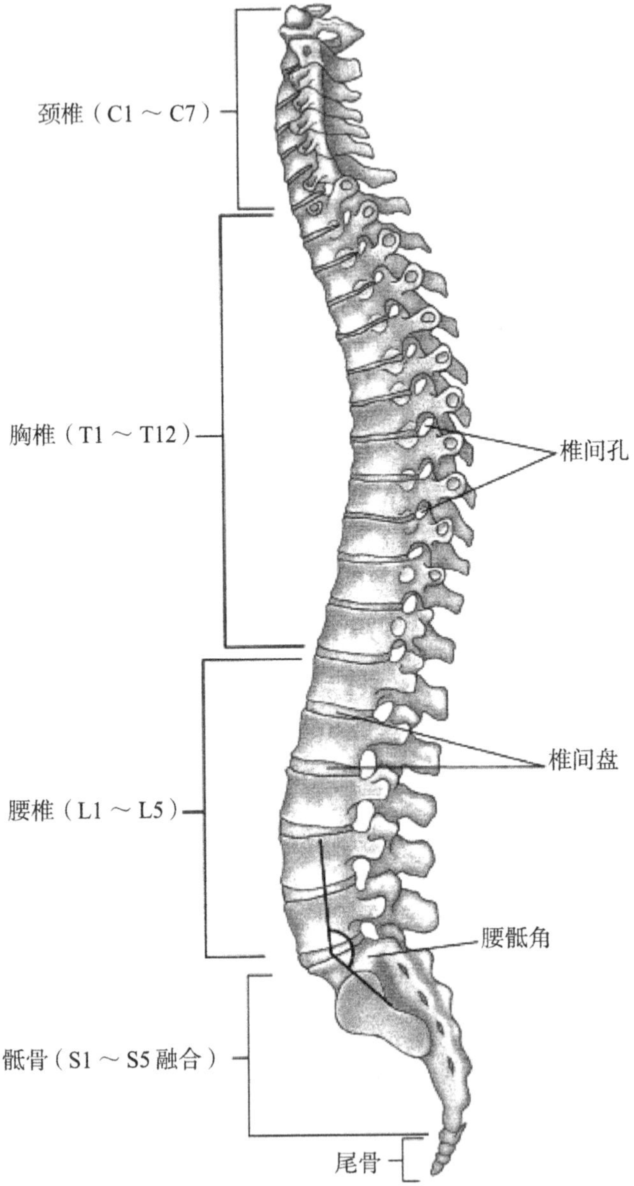

图 3-1-27　脊柱

表 3-1-2　脊柱的分类

分类	说明
颈椎（C1 ～ C7）	从脊柱项部开始的前 7 块椎骨
胸椎（T1 ～ T12）	中上背部的 12 块椎骨，在肋骨后方
腰椎（L1 ～ L5）	下背部的 5 块椎骨，在胸椎下方
骶骨	腰椎下方的三角骨
尾骨	骶骨下方，俗称尾巴骨

脊柱项部的前 7 块椎骨被称为颈椎（脊柱颈段，Cl ～ C7）。这些骨骼组成一个灵活的框架，为头部提供支撑，让头部能够自由运动。

颈椎以下的 12 块椎骨被称为胸椎（脊柱胸段，Tl ～ T12），它位于中上背部。胸椎与肋骨一起运动，构成胸廓的后面。胸椎体积比颈椎大，并且胸椎自上而下逐渐增大。

胸椎以下的 5 块椎骨是腰椎（脊柱腰段，L1 ～ L5）。腰椎是脊柱中体积最大的骨头。这些椎骨支撑了身体的大部分重量，并附着了很多背部肌肉。腰椎是经常出现疼痛的部位，这是因为这些椎骨承受了身体的大部分重量，在所有椎骨中是受力最大的部分。

骶骨是一块三角骨，位于腰椎正下方。儿童会有 4 或 5 块骶椎，在成年时期，它们就会融合成一块单独的骨。

脊柱的最底端是尾骨，它由 3 至 5 块骨头组成，这些骨头在成年时期会融合在一起。许多肌肉与尾骨相连。

椎骨与椎骨之间的部分是椎间盘，它由纤维化的软骨组成，起到缓冲作用，并使背部能够活动。除了使人体直立和维持平衡之外，脊柱还有几项其他的重要功能。它可以帮助支撑头部和手臂，使其可以自由活动；可以为许多肌肉、肋骨和一些器官提供附着点，并保护控制大部分身体功能的脊髓。

呈最佳曲度排列的脊柱被称为中立位脊柱，这个位置是椎骨和其他结构受力最小的位置。成人的脊柱有以下 3 个主要的弯曲。

①颈曲——颈椎后凹。

②胸曲——胸椎后凸。

③腰曲——腰椎后凹。

（4）关节

关节是两块骨相连的地方。根据结构和功能（或其运动方式）的不同，可以将关节分为不同的类型。关节分为 3 种主要的运动形式：滚动、滑动和转动。

需要强调的是，关节的运动极少是孤立发生的。人体也是如此，关节运动会在功能性动作的过程中发生变化与组合。

①滚动（见图 3-1-28）指一个关节绕着另一个关节面进行滚动，如同自行车的轮胎在路面滚动一样。例如，在下蹲动作中，股骨髁在胫骨髁上的运动就是滚动。

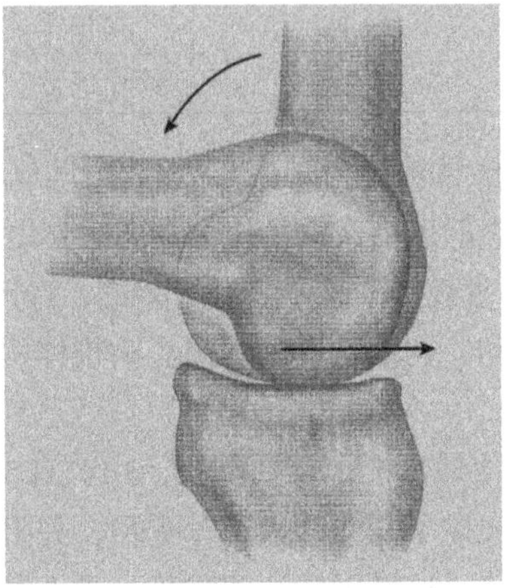

图 3-1-28　滚动

②滑动（见图 3-1-29）指一个关节面在另一个关节面上滑动，如同自行车轮胎在路面上打滑一样。例如，在伸膝动作中，胫骨髁在股骨髁上的运动就是滑动。

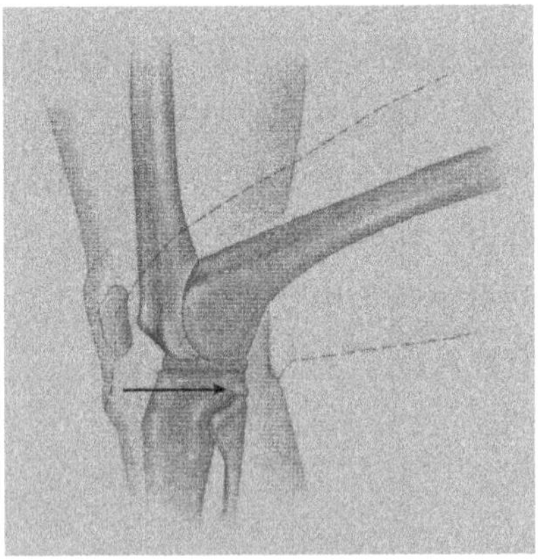

图 3-1-29　滑动

③转动（见图 3-1-30）指一个关节面围绕另一个关节面旋转，如同拧开罐

子的盖子。例如，在前臂旋前（内旋）和旋后（外旋）时，桡骨（前臂骨）头围绕肱骨末端旋转的运动就是转动。

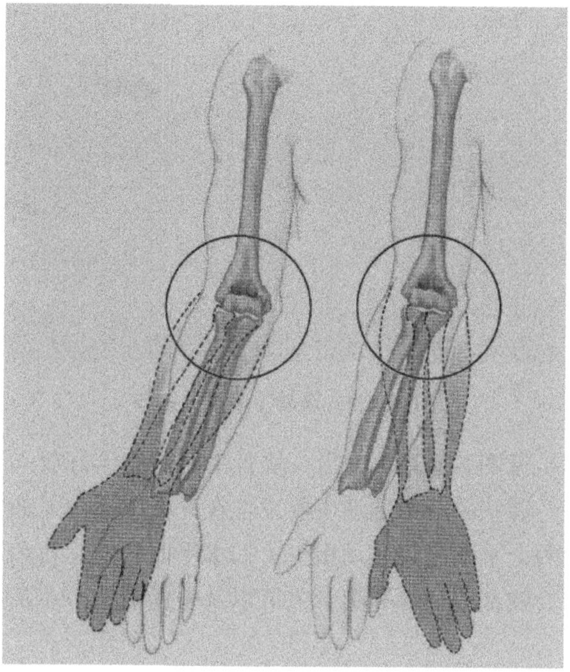

图 3-1-30　转动

（5）关节分类

1）滑膜关节

滑膜关节是最常见的关节。它们构成了人体中约 80% 的关节，并且有最强的运动能力。所有滑膜关节都有一个包裹着整个关节的滑膜囊（胶原结构）、一个滑膜（囊的内层）和垫在关节骨末端的透明软骨。这种结构可以增加滑膜关节的灵活性。滑膜关节还有一个独特的功能，就是它可以产生滑液。滑液像鸡蛋清，其工作原理与机器润滑油类似。它是由关节囊中的滑膜分泌的，对润滑关节表面、减少磨损和滋养覆盖关节面的软骨细胞十分重要。

人体的滑膜关节分为几类，包括滑动（平面）关节、髁状关节（髁状的或者椭圆的）、铰链关节、鞍状关节、车轴关节和球窝关节。

①滑动（平面）关节（见图 3-1-31）为非轴关节，其关节运动方式是最简单的。其运动方向为前、后或侧向。例如，足部的舟状骨和第二根、第三根楔骨，或者手部的腕骨以及脊柱小平面关节都是滑动关节。

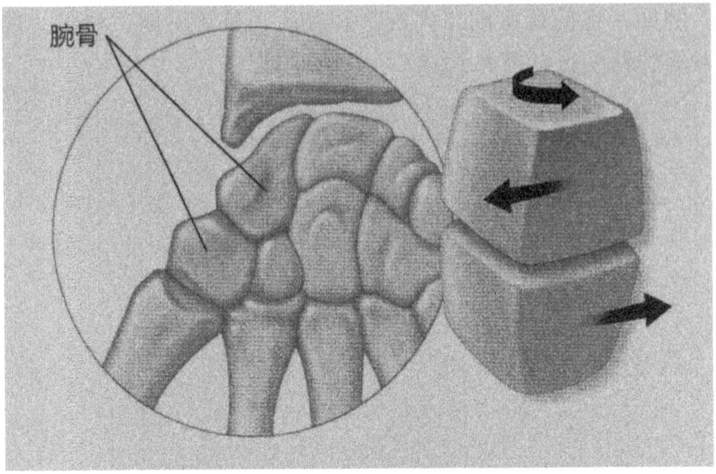

图 3-1-31　滑动（平面）关节

②髁状关节（见图 3-1-32）是指一块骨头的髁突恰好放入另外一块骨头的椭圆腔内的关节。髁状关节的运动主要发生在一个平面内（如矢状面内的屈曲和伸展），其他两个平面内的运动很少（如水平面内的旋转和冠状面内的外展和内收）。例如，腕部的桡骨和腕骨关节以及手指的关节（掌指关节）就是髁状关节。

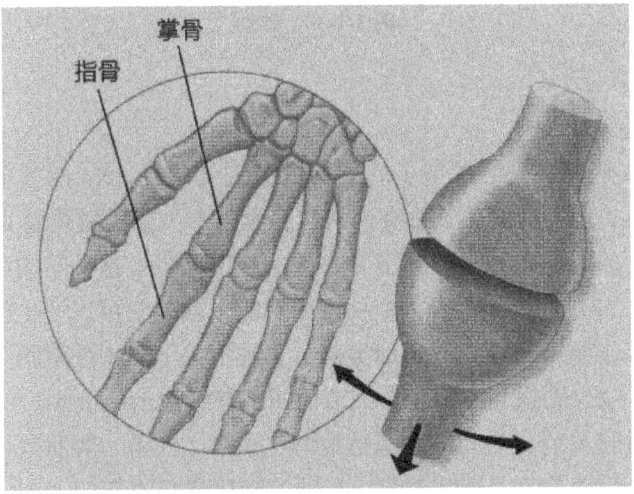

图 3-1-32　髁状关节

③铰链关节（见图 3-1-33）是一个单轴关节，这种关节几乎只能在矢状面产生运动。肘关节、趾间关节（脚趾）和踝关节都属于铰链关节。

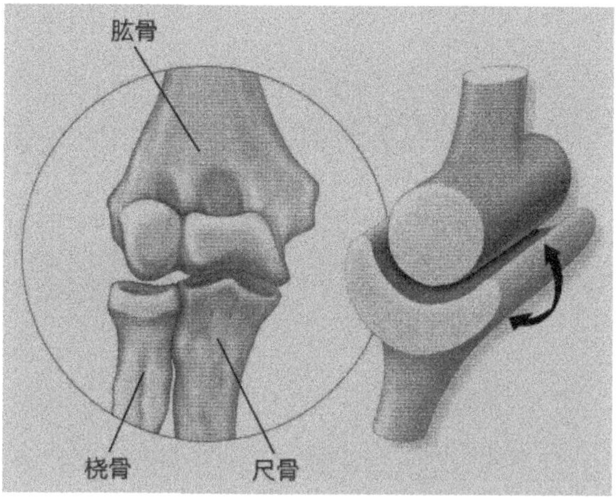

图 3-1-33　**铰链关节**

④鞍状关节（见图 3-1-34）是以其外表命名的。这种关节中的一块骨头形似马鞍，另一块关节骨跨在两边。人体唯一的一个鞍状关节是大拇指的腕掌关节。这种关节的运动主要发生在两个平面（在矢状面内屈曲和伸展，在冠状面内的内收和外展），其通过一定的旋转可以进行环转运动（转圈的运动）。

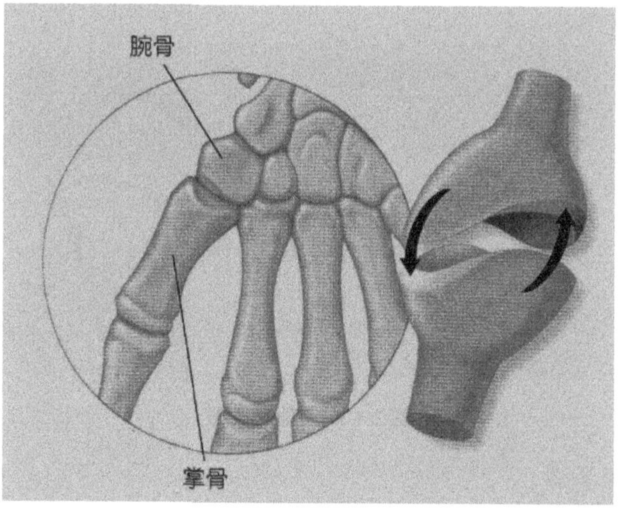

图 3-1-34　**鞍状关节**

⑤车轴关节（见图 3-1-35）的运动主要发生在一个平面（水平面上旋转，包括内旋和外旋）。这种关节包括颅骨底部（脊柱顶部）的寰枢关节和肘部的桡尺近侧关节。

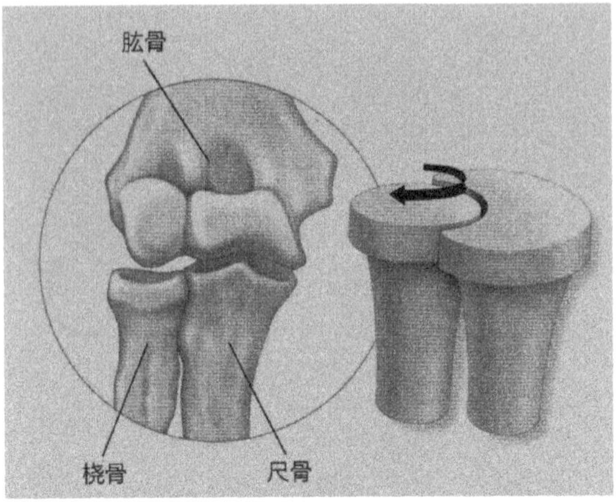

图 3-1-35　车轴关节

⑥球窝关节（见图 3-1-36）是灵活性最好的关节。这种关节可以在全部 3 个平面内运动。肩关节和髋关节就是球窝关节。

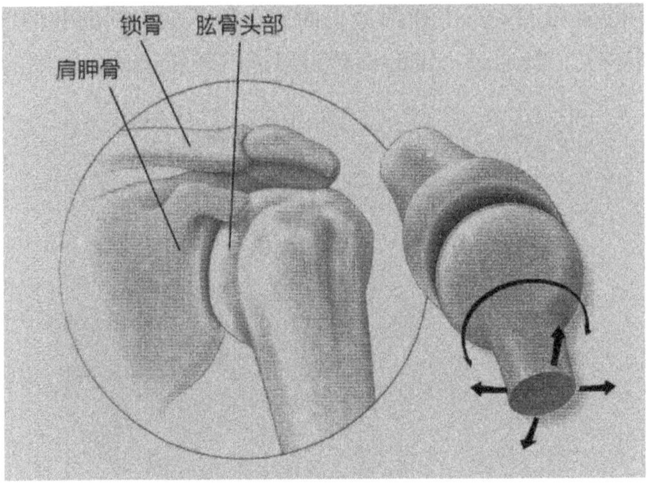

图 3-1-36　球窝关节

2）非滑膜关节

非滑膜关节是指在接合结构中没有关节腔、纤维性结缔组织或软骨组织的关节。这些关节几乎不会发生运动。颅骨的骨缝、胫骨和腓骨的远端关节以及耻骨联合等都属于非滑膜关节（见图 3-1-37）。

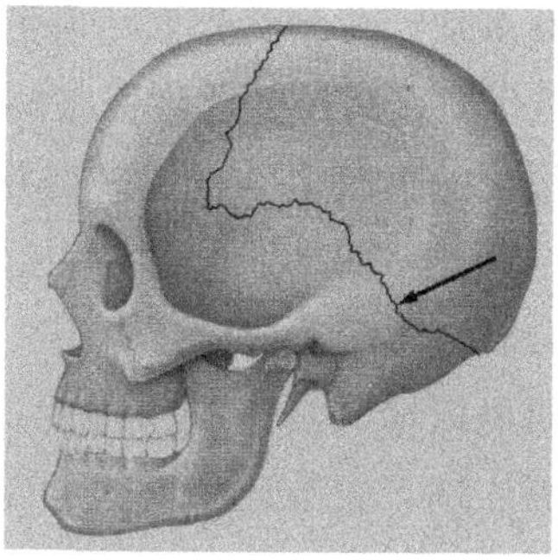

图 3-1-37　非滑膜关节

2. 肌肉系统

人体全身的主要肌肉如图 3-1-38 所示。

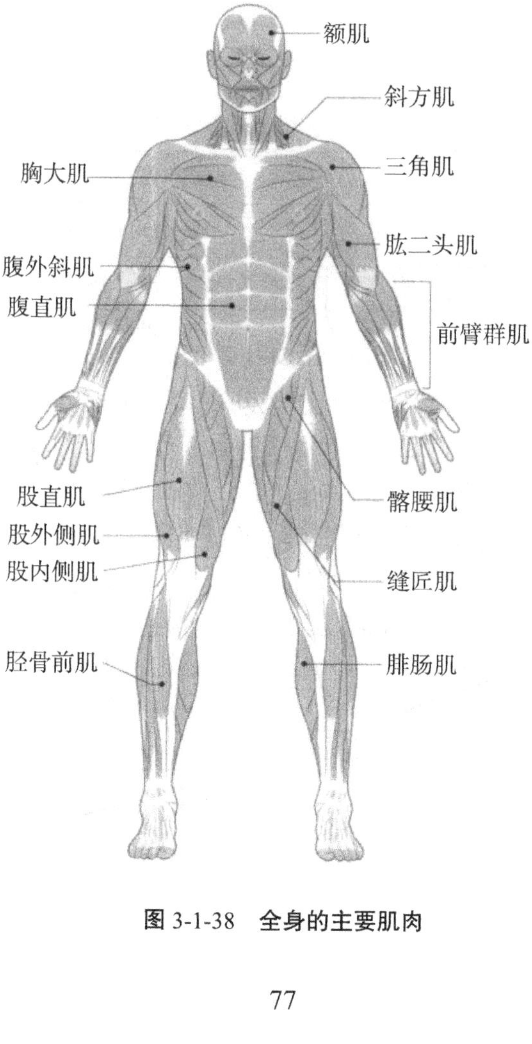

图 3-1-38　全身的主要肌肉

人体大小肌肉共计 600 多块，分为骨骼肌、心肌和平滑肌 3 种。一般所说的肌肉是骨骼肌，通常附着于骨，跨过关节附着在两侧的骨上。

人类在运动时，神经系统的大脑运动皮层兴奋并发出信号。这一信号经延髓、脊髓、运动神经传导给骨骼肌内的肌纤维，引起肌肉收缩。这一连串的反应带动骨骼和关节活动，形成身体活动。

此外，适度使用骨骼肌可以增大其体积和力量，长时间不用的话肌肉容易萎缩，肌肉力量也随之减弱。基于关节运动形式可以将骨骼肌细分为以下几种类型，如表 3-1-3 所示。

表 3-1-3　基于关节运动形式的骨骼肌分类

屈肌	引起屈曲（关节弯曲）的肌肉
伸肌	引起伸展（关节伸直）的肌肉
外展肌	引起外展（上肢、下肢远离躯干）的肌肉
内收肌	引起内收（上肢、下肢接近躯干）的肌肉
外旋肌	引起外旋（向外侧旋转）的肌肉
内旋肌	引起内旋（向内侧旋转）的肌肉
旋前肌	引起关节旋前（上肢向内测旋转）的肌肉
旋后肌	引起关节旋后（上肢向外侧旋转）的肌肉

除产生身体活动以外，骨骼肌还有如下功能。

第一，保持体温所必需的热量中约三分之二是由肌肉收缩提供的（其余三分之一源于肝脏和肾脏），这部分热量使体温上升。

第二，骨骼肌还有吸收来自外部的冲击、保护骨骼和内脏的作用。

第三，被称为“第二心脏”的小腿肚通过肌肉收缩和舒张的反复交替，像水泵一样压迫静脉，使静脉血向上回流。

第四，在骨骼肌内，血管流经的周围部位储存着作为能量源的糖原，所以肌肉也有储藏营养的功能。

（1）肌肉与肌腱

根据构造和功能的不同，肌肉可分为骨骼肌、心肌和平滑肌（见表 3-1-4）。

表 3-1-4　肌肉的种类与特征

肌肉种类	位置	肌纤维	调节方式	支配神经
骨骼肌	附着在骨骼上	横纹肌	随意	运动神经
心肌	心脏壁	横纹肌	不随意	自主神经
平滑肌	内脏（心脏除外）和血管壁	平滑肌	不随意	自主神经

骨骼肌负责走路、跑步等有意识的自主运动，又被称作随意肌。心肌、平滑肌负责心脏和内脏器官等不受意识控制的肌肉运动，被称作不随意肌。另外，骨骼肌和心肌因带有横纹，也被称作横纹肌。

一个人的身体约有 400 块骨骼肌，占体重的 40% 左右，其构造如图 3-1-39 所示。多条肌纤维组合成束，即肌束，一定数量的肌束聚集形成骨骼肌。而肌纤维由肌原纤维构成，其中由细肌丝和粗肌丝构成的肌节有规律地排列着。

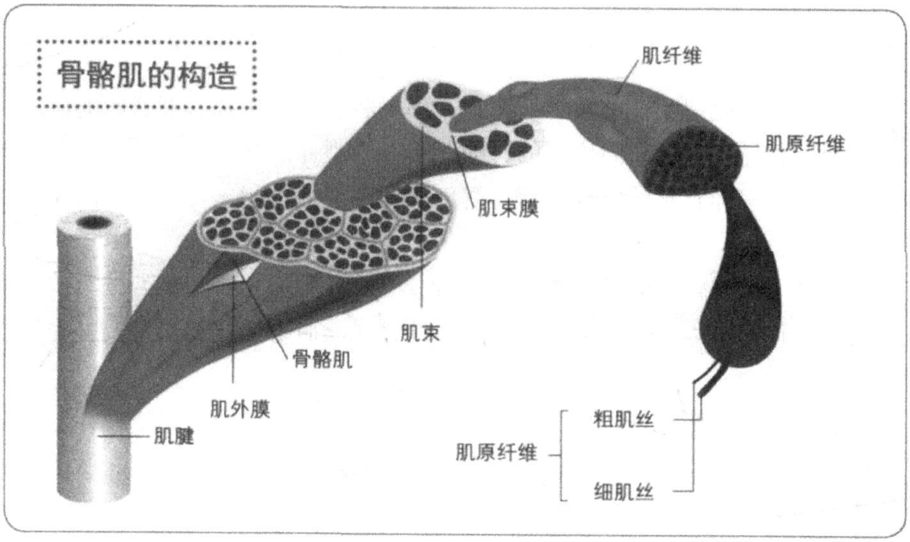

图 3-1-39　骨骼肌的构造

骨骼肌在身体不同部位会形成不同的形状，分为肌纤维与肌腱平行排列的梭形肌和肌纤维以肌肉中央为中心呈羽毛状排列的羽状肌（见图 3-1-40）。

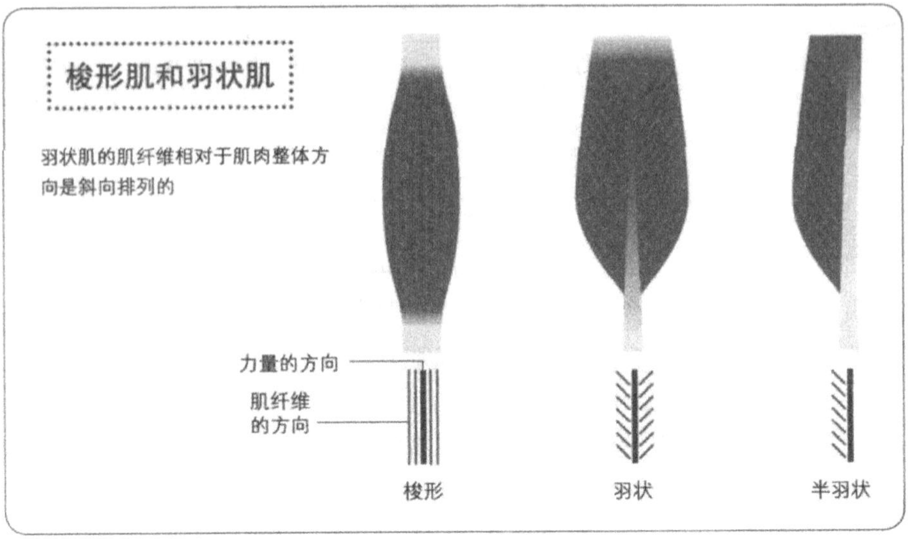

图 3-1-40　梭形肌和羽状肌

肌肉力量与肌肉整体的粗细呈正比，但羽状肌比较特别。羽状肌的肌纤维相对于肌肉整体方向是斜向排列的，因此肌纤维整体的横截面积（生理学上的横截面积）比实际看到的横截面积（解剖学上的横截面积）要大，肌肉能产生更强大的力量。

肌肉是一种非常柔软的组织，如果直接附着在骨上，其连接处较柔弱，力量无法顺利传递。因此，肌肉与骨骼连接前，先与肌腱连接，通过肌腱附着在骨上。

肌腱由大量的胶原纤维构成，胶原纤维能随意弯曲，同时对于拉伸有极强的抵抗力，具有不易延展的特性。胶原纤维顺着长轴方向平行排列，所以肌腱自身不会伸缩，但能将肌肉收缩产生的力量有效传递至骨骼。

骨骼肌的直接能量源是肌肉内储存的三磷酸腺苷（ATP）。ATP 被分解为腺苷二磷酸（ADP）会释放能量，肌肉利用这一能量进行收缩。另外，骨骼肌内能储存的 ATP 较少，所以肌肉会不断分解、代谢通过饮食摄取并储存在体内的糖类和脂肪，生成 ATP。

（2）肌纤维

肌肉中有一束一束的肌束，肌束由被肌束膜包裹的数千根丝状肌纤维组成，每条肌纤维又可以分解为数百根肌原纤维，其内部结构如图 3-1-41 所示。

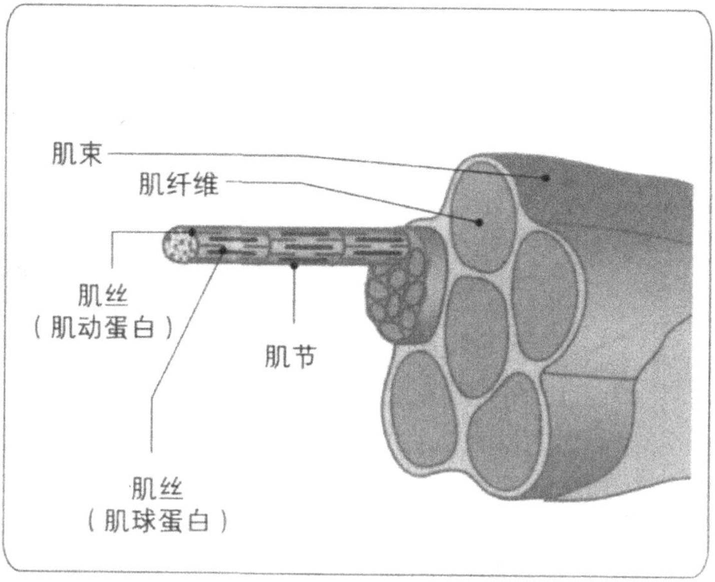

图 3-1-41 肌肉的内部构造

肌束结合在一起形成肌肉，通过肌腱附着在骨上。每条肌纤维的直径为10～150微米（0.01～0.15毫米）。在运动中，该丝状肌纤维通过收缩产生力量，纤维越粗产生的力量越大。此外，肌纤维的长度为1～30毫米。几十到几百条肌纤维组合在一起，受同一神经支配。这种组合叫运动单位。

在肌原纤维中，数万个肌节纵向排列，其中被薄膜包裹的蛋白质构成的肌动蛋白与肌球蛋白构成了肌丝。它们相互穿插，并通过肌节收缩，产生力量。

肌纤维并非都拥有相同的性质，根据收缩速度的不同有很大的差别。白肌纤维（FG）能迅速收缩但易疲劳，也被称为快肌纤维；红肌纤维（SO）收缩速度迟缓但有持久力，也被称为慢肌纤维。性能介于这二者之间的称为红白肌纤维（FOG纤维）。

身体不同部位的红肌纤维和白肌纤维的比例不同。在同样粗细的情况下，白肌纤维占比越高，力量越强。白肌纤维和红肌纤维的比例也因人而异。根据其比例的不同，每个人适合的竞技种类也不同（见图 3-1-42）。使用不同的训练方法，可以只练白肌纤维或只练红肌纤维，从而在不增加肌纤维数量的前提下使肌纤维变粗（见图 3-1-43）。

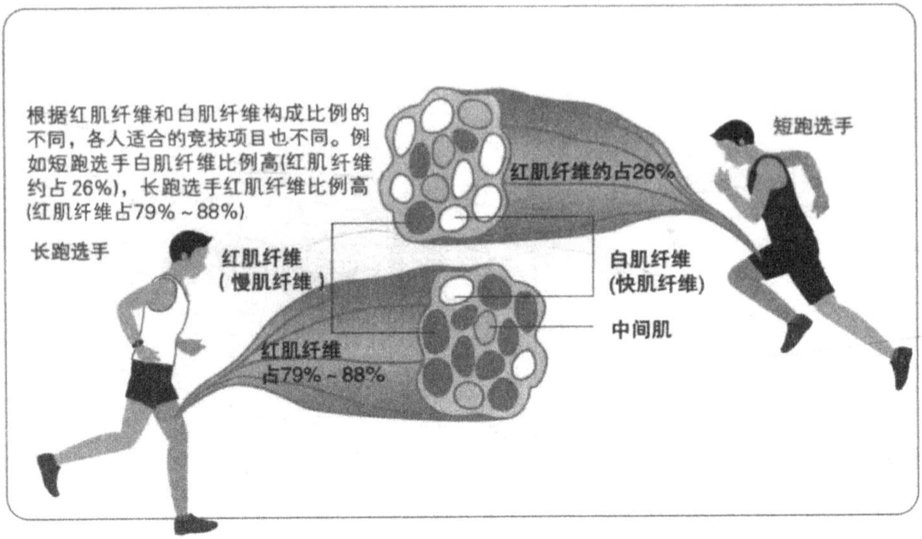

图 3-1-42　红肌纤维和白肌纤维比例不同适合的竞技种类

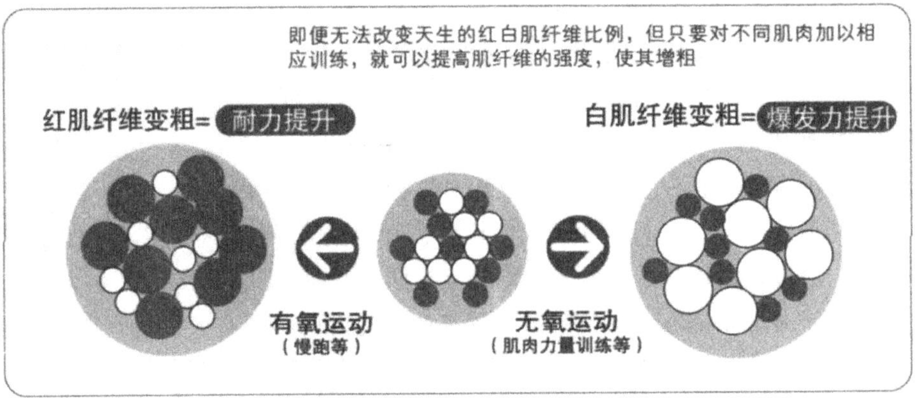

图 3-1-43　训练效果

3. 神经系统

神经系统是人体主要器官系统之一，由神经元这一特殊细胞形成的细胞网组成。神经元可以传输和协调信号，在人体内部提供一个信息交流的网络。神经系统由两部分组成：中枢神经系统（CNS）和周围神经系统（PNS）。中枢神经系统由大脑和脊髓组成。周围神经系统只包含神经，并将大脑和脊髓同身体其他部分连接起来。

神经系统的 3 大基本功能包括感觉功能、整合功能和运动功能。感觉功能是神经系统感知内外部环境变化的能力，如肌肉的伸展（内部）或从人行道上走到沙地上的变化（外部）。整合功能是神经系统分析和解读感官信息的能力，从而使人体做出正确的决定，产生适当的反应。运动功能是神经肌肉（或神经系统和肌肉系统）对感觉信息的反应，如当肌肉过度伸展时会引起肌肉收缩，当从人行道上走到沙地上时会改变走路模式。

神经系统负责肌肉的募集、动作模式的学习和使人体内每个器官发挥正常功能。本体感受是身体感知相邻身体部位相对位置的能力。比如，当走路或跑步时，双脚会给关于地表类型或地势的本体感受反馈。训练本体感受能力会提高身体的平衡性、协调性和姿态，使身体无须经过有意识的思考，在任何情境下以最合适的动作适应周边环境。因此，有效的神经系统训练是非常重要的，这是为了确保形成适当的动作模式，以提高运动表现并减少受伤风险。

（1）神经元

神经系统的功能单位被称为神经元。数十亿神经元组成神经系统的复杂结构，并让神经系统能够在内部与其自身进行信息交流，并且能够在外部与周围环境进行信息交流。神经元是一种特殊的细胞，通过电信号和化学信号处理并传输信息。神经元组成神经系统的核心，包括大脑、脊髓和周围神经节。概括而言，很多神经元的汇合形成了人体的神经。神经元包括 3 个主要部分：细胞体、轴突和树突。

神经元的细胞体（或胞体）包含一个细胞核和多个其他细胞器，包括溶酶体、线粒体和一个高尔基体。轴突是细胞体的圆柱形突起，向其他神经元或效应物部位（肌肉、器官）传输神经冲动。轴突是神经元的一部分，提供从大脑和脊髓到身体其他部位的信息交流。树突收集其他结构的信息，并将其传送回神经元。

根据神经冲动传导方向的不同，神经元可以分为 3 个主要功能类别。感受（传入）神经元对触摸、声音、光和其他刺激做出反应，并将神经冲动从效应物部位（如肌肉和器官）传送至大脑和脊髓。中间神经元将神经冲动从一个神经元传送至另一个神经元。运动（传出）神经元将神经冲动从大脑和脊髓传送至效应物部位，如肌肉或腺体。这 3 种神经元协同工作，产生既定反应的典型例子是人体触碰热的物体时，感受（传入）神经元将来自手的信号发送至大脑，告诉大脑这个物体是热的；这一信号通过中间神经元从一个神经元传送至另一个神经元；一旦大脑接收到这一信号，就会解读从感受神经元发来的这一信息

（物体是热的），并通过运动神经元将恰当的信号向下传递给手部和臂部肌肉，告诉肌肉要收缩，将手从热的物体上抽回来，保护手部不受伤害。

（2）中枢神经系统和周围神经系统

中枢神经系统（见图 3-1-44）包括大脑和脊髓，其主要功能是协调身体所有部分的活动。

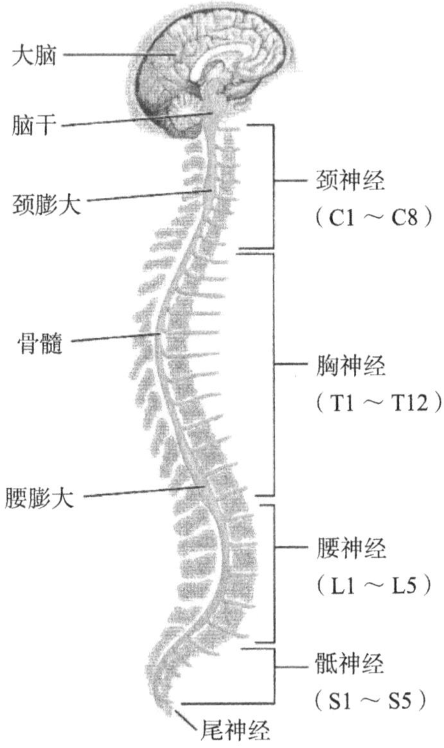

图 3-1-44　中枢神经系统

周围神经系统（见图 3-1-45）由将中枢神经系统同身体其他部位以及外部环境连接起来的神经组成。周围神经系统的神经是中枢神经系统接受感觉输入以及发起反应的途径。周围神经系统包含 12 条脑神经、31 对脊神经（由大脑和脊髓发出）和感受器。

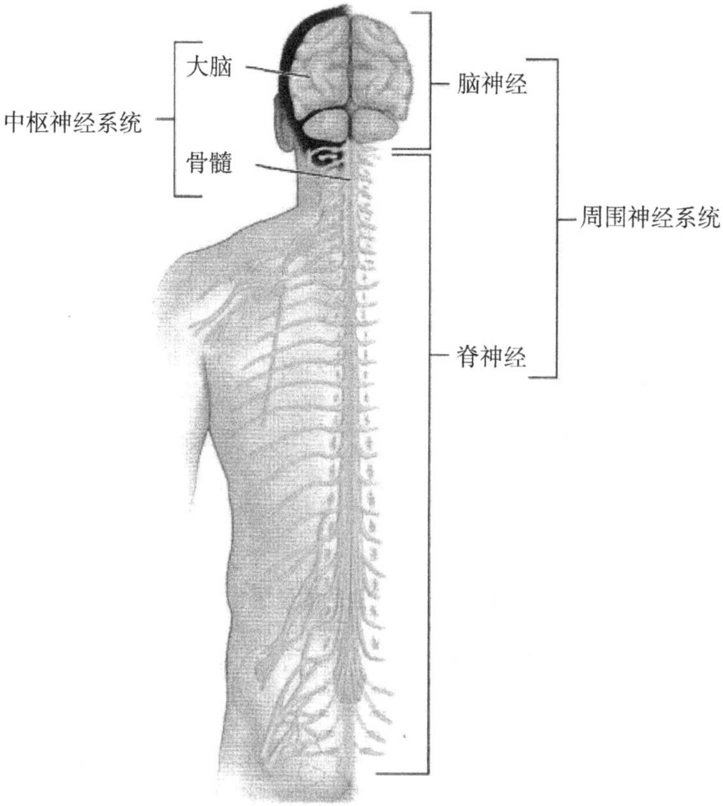

图 3-1-45　周围神经系统

这些周围神经有两项主要功能：第一，连接神经系统，激活不同的效应物部位，如肌肉（动作功能）；第二，周围神经将来自效应物部位的信息通过感受器传送回大脑（感觉功能），因此可以向大脑提供身体和环境之间的关系的持续更新。

周围神经系统的两个分支是躯体神经系统和自主神经系统（见图 3-1-46）。躯体神经系统由为体表区域和骨骼肌服务的神经组成，主要负责动作的随意控制。

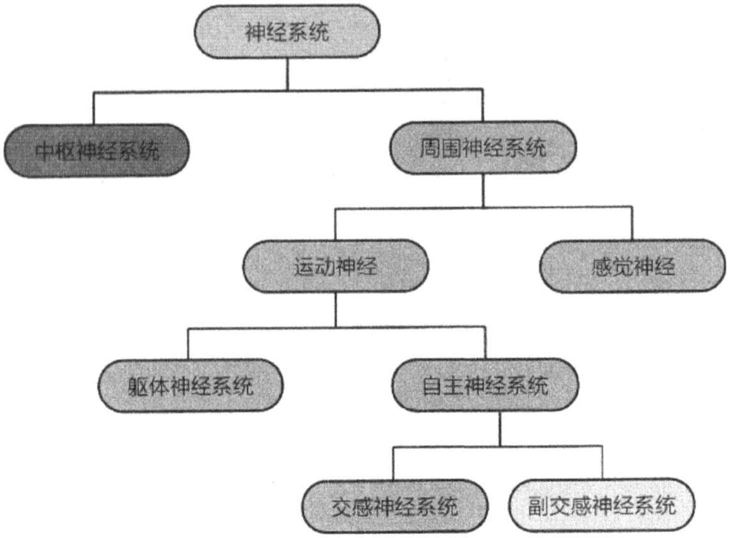

图 3-1-46　神经系统组织

自主神经系统为身体非随意控制的系统（如心脏、消化系统和内分泌腺）提供神经输入。

自主神经系统又分为交感神经系统和副交感神经系统。在运动过程中，这两种神经系统负责在准备活动时提高兴奋程度（交感神经系统）或者在休息和恢复期间降低兴奋程度（副交感神经系统）。

感受器是遍布全身的特殊结构，将环境刺激（热、光、声音、味道和动作）转换为感受信息，供大脑和脊髓用于做出反应。这些感受器分为 4 类：机械感受器、损伤性刺激感受器、化学感受器和光感受器。机械感受器对机械作用力（触摸和压力）做出反应，损伤性刺激感受器对疼痛做出反应（疼痛感受器），化学感受器对化学作用（嗅觉和味觉）做出反应，光感受器对光（视觉）做出反应。对私人教练来说机械感受器尤为重要，因为此类感受器主要是与人体动作有关。

机械感受器是在组织内对机械压力做出反应，并通过感觉神经传输信号的特殊结构。机械感受器能够对外力（如触摸、压力、伸展、声波和动作）做出反应，并通过感觉神经传输神经冲动，这反过来又使人能够察觉出触摸、声音和身体动作，同时，机械感受器还负责监控肌肉、骨骼和关节的位置（本体感受）。机械感受器位于肌肉、肌腱、韧带和关节囊之中，包括肌梭、腱梭和关节感受器。

肌梭（见图 3-1-47）是肌肉内的感受器，与肌肉纤维平行，对肌肉长度的变化及其变化速率很敏感。当某一肌肉受到牵拉时，该肌肉内的肌梭也会被拉长，肌梭将关于其长度变化的信息经由感觉神经元传递到大脑，大脑就可以确定不同身体部位的位置。

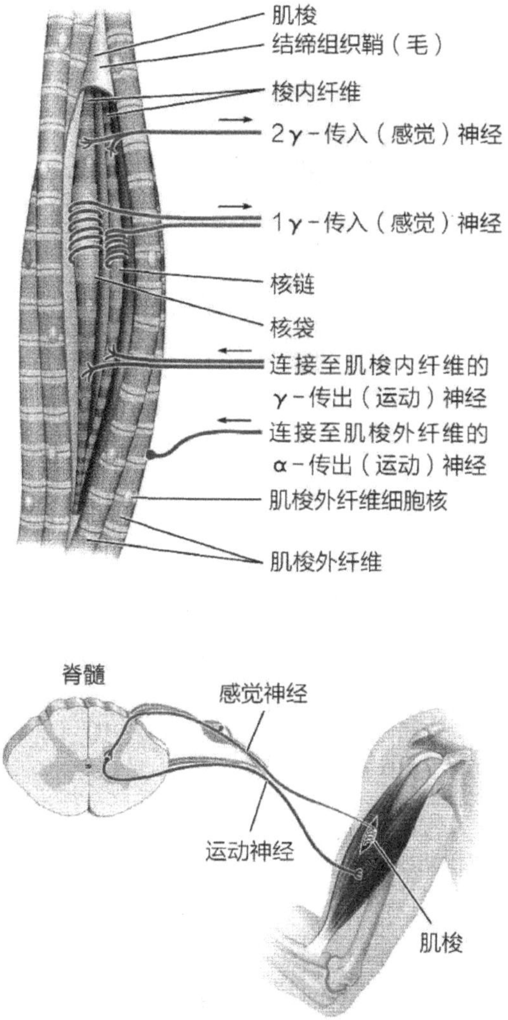

图 3-1-47　肌梭

肌梭也可以通过牵张反射机制帮助调节肌肉收缩。牵张反射是身体对肌肉牵拉刺激的正常反应。当肌梭被拉长后，神经冲动会立即传送到脊髓，而收缩肌肉的反应会在 1 到 2 毫秒内收到。快速的神经反应是一个保护性机制，用以预防过度拉伸和可能导致的肌肉损伤。人体动作是通过人体内 3 个系统（神经系统、骨骼系统和肌肉系统）的功能整合来实现的。

腱梭（见图 3-1-48）是位于骨骼肌纤维与骨骼肌肌腱的衔接部位的一种专用感受器。腱梭对肌肉张力的变化及其变化速率很敏感。腱梭的激活会引起肌肉放松，从而使肌肉避免受到过大张力或损伤。

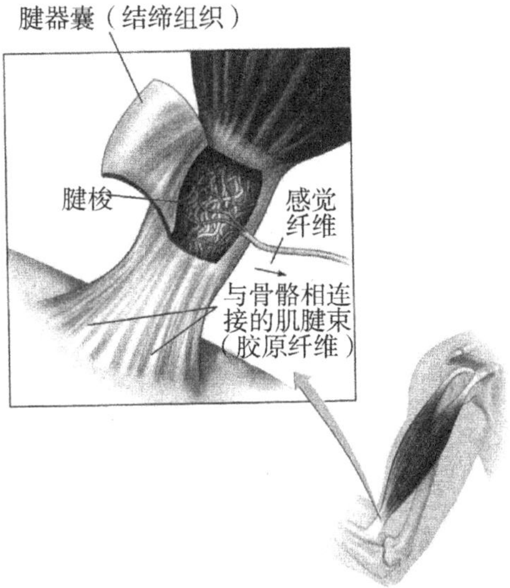

图 3-1-48　腱梭

关节感受器（见图 3-1-49）位于关节囊内和关节囊周围。这些感受器在关节处于极限位置时发出信号，以帮助预防损伤。如果该关节承受的压力过大，它们也可以在该关节周围的肌肉中启动反射性抑制反应。关节感受器包括鲁斐尼氏末梢和帕西尼小体。

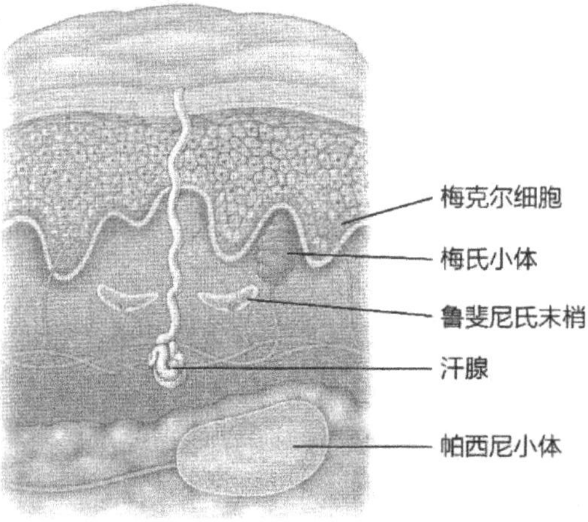

图 3-1-49　关节感受器

身体活动和神经系统在训练的早期阶段，运动表现的提升可能主要来自中枢神经系统改变了对动作的控制和协调的方式。这在抗阻训练中尤为突出。当人进行一项活动时，身体的感受器会不断向自身反馈肢体位置、力的产生和表现结果（这个动作是否成功完成）。当动作不成功或者动作表现不好时，中枢神经系统会交叉参考其他的感受传入，并尝试新的动作策略。有规律的训练和练习会让中枢神经系统产生适应，实现更好的动作控制。动作也会因此变得更加顺畅和准确，运动表现也会相应提高。

神经系统由数十亿神经元组成，神经元可以通过两个互相依赖的系统（中枢神经系统和周围神经系统）在体内传输信号。神经系统收集关于人体内外部环境的信息，处理该信息，然后对其做出反应。它具有 3 项主要功能：感觉（感知变化）、整合（组合并解读信息）和运动（做出神经肌肉的反应）。

（二）身体与运动

1. 骨、关节与肌肉

人体约由 200 块骨头支撑，并约由 400 块肌肉控制运动。骨和骨之间的连接部分称为关节。关节是由肌腱和韧带连接两块以上的骨或者肌肉通过肌腱附着在两侧的骨上而形成的（见图 3-1-50）。关节可以完成屈曲、伸展和环转等关节动作。

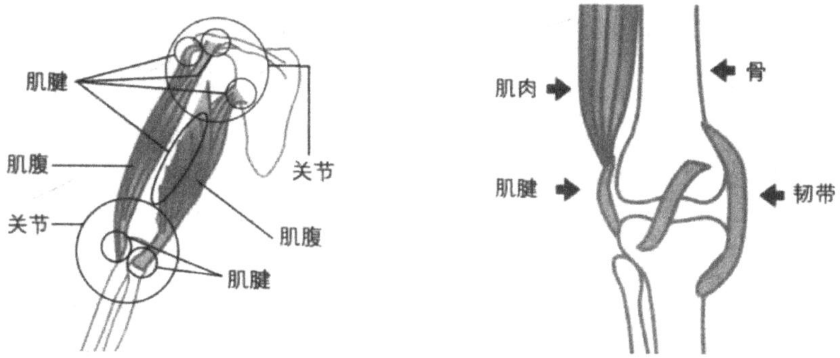

图 3-1-50　关节的形成方式

由关节连接的骨的关节面被关节软骨覆盖，它是表面光滑且有弹性的结构。这个软骨被膜状的关节囊包裹，形成关节腔。

关节腔内部充满了滑液，可使关节活动更顺滑。关节囊外侧和关节腔内附着纤维性组织构成的韧性很强的韧带，有保护关节并维持动作稳定的作用。此外，关节的关节面形态不同，其运动轴的数量和运动方向也不同。并且，特定的关节中有减缓冲击、提高关节适应性的缓冲结构，如膝关节半月板和脊柱的椎间盘等。具体的膝关构造如图 3-1-51 所示。

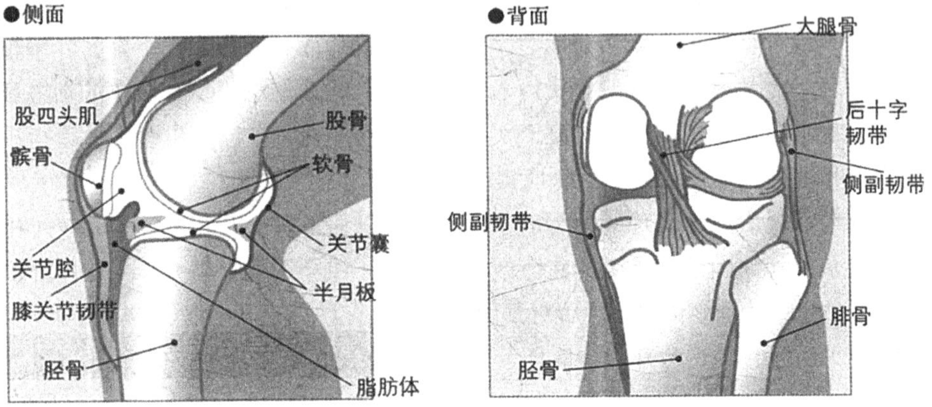

图 3-1-51　膝关节构造

2. 肌肉活动

肌肉活动有 3 种主要类型：等张（离心和向心）、等长和等速。

（1）等张

在等张肌肉收缩过程中，伴随着力的产生，肌张力增加，在一定的活动范围内产生运动。等张收缩包括两个构成部分：离心阶段和向心阶段

①离心。离心肌内活动发生于肌肉张力增加同时被拉长的时候。肌肉被拉长是因为收缩力小于阻力，肌肉的总张力小于将肌肉拉长的外力。由于肌肉变长，肌动蛋白和肌球蛋白横桥被分开并重新连接，以使肌肉能被拉长。实际上，这里说的肌肉拉长通常是指恢复静息长度，其实际长度并没有像肌肉受到拉伸时那样增加。

离心收缩与减速意义相同，很多运动中可观察到离心收缩，如跳起后落地。在抗阻训练放下重物时肌肉离心收缩在健身界内也被称为反向。反向这个词源于一个事实，即在离心运动中肌肉实际上是做功的对象，而不是肌肉在对外界做功。这与离心运动的方向和阻力方向一致有关。

在功能性活动中，如日常活动和运动中，肌肉离心收缩与向心收缩、等长收缩一样多。离心收缩时，肌肉必然使作用在人体上的力减速或者减少，这可见于所有的抗阻训练练习动作中。不管是在跑步机上步行还是进行卧推练习，身体重量或者杠铃重量部必须得到减速，才能保持稳定以便正确地加速。

②向心。向心肌肉活动发生于收缩力大于阻力时，导致肌肉的缩短和明显

的关节运动。由于肌肉缩短，肌动蛋白与肌球蛋白横桥连在一起（肌丝滑行理论），使肌肉缩短。向心收缩与加速意义相同，在许多运动中可见，如向上纵跳、抗阻训练练习动作中的“举起”阶段。

（2）等长

等长肌肉活动发生于收缩力等于阻力时，此时肌肉长度没有明显变化。比如，在抗阻训练中，一个人在举起和放下之间的停顿就是一种可观察到的等长收缩。

在日常活动和运动中，等长运动用于保持人体的动态稳定。肌肉等长收缩能使肢体保持稳定以免移向错误的位置。举例来说，人在下蹲时，大腿的内收肌和外展肌可使下肢保持动态稳定，以免过多地在冠状面和水平面上移动；在做球上卷腹练习时，腹横肌和多裂肌（脊柱深层肌肉）可使腰椎保持稳定；在做哑铃卧推练习时，肩袖肌群可使肩关节保持稳定。

（3）等速

在等速肌肉活动中，肌肉在整个关节活动范围内以恒定速度缩短。研究等速肌肉活动需要使用昂贵复杂的设备，这些设备用于测量肌肉产生的力的大小并调整阻力（负荷），因此不管产生的肌张力有多大，运动始终保持恒定。

换句话说，一个人越用力推或拉，他感到的阻力就越大。在整个等速收缩过程中，肌张力在整个活动范围内达到最大，这种做法被认为可以提高力量、耐力和神经肌肉效率。然而，在等速设备上能完成的动作类型相当有限，因此其常用于康复诊所或运动生理实验室。

3. 肌肉活动举例

下面以肱二头肌弯举练习为例来解释肌肉活动。如果客户在练习肱二头肌弯举，动作开始时需要肱二头肌缩短，以产生力来克服重力和所持哑铃的重力（或器械上的配重片），使肘关节屈曲，哑铃被举起向肩关节前方移动，这是练习的向心阶段（见图 3-1-52）。

图 3-1-52　肱二头肌弯举向心阶段

当哑铃举至肩前方时，保持姿势。因为在保持该姿势时，肌肉的长度不再变化，但是肱二头肌仍然产生力并保持紧张，所以这被认为是练习等长收缩的阶段。将哑铃放下回到起始位置，肱二头肌必须被拉长（在神经系统的控制下）使哑铃减速，这是练习的离心阶段（见图 3-1-53）。

图 3-1-53　肱二头肌弯举离心阶段

第二个帮助说明肌肉活动的例子是下蹲练习。从站姿开始，客户下蹲，髋、膝和踝关节屈曲见图 3-1-54，这是一个离心肌肉活动的例子，客户处在抗阻训练的“下降”阶段。

图 3-1-54　下蹲离心阶段

此外，当客户下蹲时，臀肌和股四头肌机械性地被拉长，同时使身体减速。如果客户在最低位置保持不动，没有明显的关节运动，此时就会发生等长肌肉活动。最后，当客户回到初始位置（上升阶段），就会发生向心肌肉活动，臀肌和股四头肌收缩，这是下蹲向心阶段，如图 3-1-55 所示。

图 3-1-55　下蹲向心阶段

4. 肌肉杠杆和关节运动学

人体动作系统（HMS）产生力的大小不仅取决于运动单位的募集和肌肉大小，还取决于关节的杠杆系统。肌肉骨骼系统由骨骼、肌肉、肌腱和韧带组成，它们共同形成一系列的杠杆和滑轮，对外部物体产生作用力。骨骼肌借助肌腱附着于骨骼，使骨骼在可动的关节处弯曲，从而产生动作。关节运动是由肌肉牵拉骨骼而引起的。肌肉在骨骼上的特殊附着点将决定肌肉能产生多大的力。比如，股四头肌可以比手部肌肉产生更大的力。

大多数运动利用了杠杆原理。杠杆包括一根刚性的“杆”，它围绕固定的支点（枢轴点）转动。在人体中，支点就是关节轴，骨骼就是杠杆，肌肉产生运动（动力），阻力可能是身体某部位的重量或物体（如杠铃和哑铃）的重量。

杠杆分为 3 类，具体取决于支点、动力和阻力的位置关系（见图 3-1-56）。第一类杠杆的支点在中间，就像跷跷板。点头动作就是第一类杠杆的例子，脊柱的顶端即支点（关节轴）。第二类杠杆的阻力位于中间（支点和动力分别在两侧），就像手推车上的货物。在全身俯卧撑或提踵动作中，身体就是按照第二类杠杆在工作。以提踵为例，跖骨球是支点，身体重量是阻力，动力来自小腿肌肉。第三类杠杆的动力位于阻力和支点之间。动力移动的距离较短，并且动力必须始终比阻力大。人体的大多数肢体按照第三类杠杆运作。以前臂作为第三类杠杆的示例：在肱二头肌弯举练习中，支点是肘关节，动力来自肱二头肌，负荷（如哑铃）在手中。

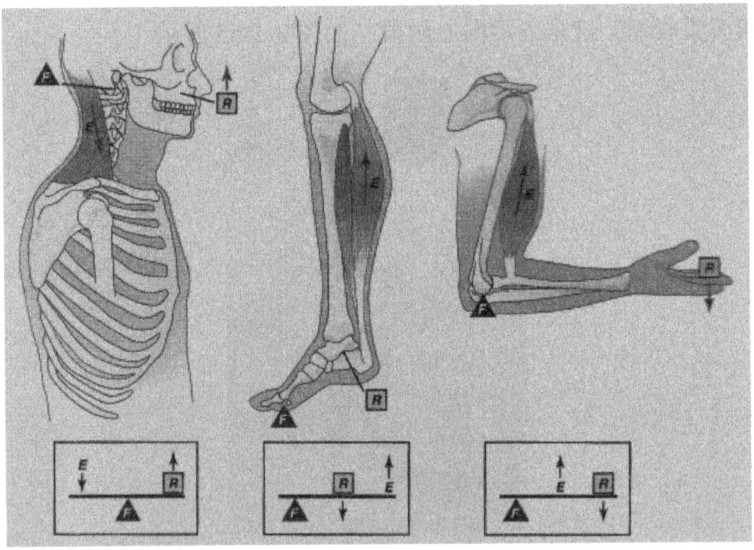

图 3-1-56　杠杆（*R* 为阻力，*F* 为支点，*E* 为动力）

结合 HMS 的原理和杠杆的概念，骨骼充当杠杆臂，在肌力作用下使负荷移动。这种围绕轴进行的运动称为旋转运动，它意味着杠杆（骨骼）围绕轴（关节）旋转。这种关节的转动作用常称为力矩。在抗阻训练中，运用力矩是为了帮助人转动关节。因为神经肌肉系统最终负责操纵肌力，HMS（对于任何既定运动）的杠杆力取决于肌肉对阻力的杠杆作用。人要知道负荷至关节中心的距离，以及肌肉附着点和拉力线（通过肌腱施加张力的方向）至关节的距离，这两个距离之间的差异将决定肌肉操作运动的效率。由于不能改变附着点或肌肉通过肌腱施加拉力的作用线，最容易改变关节力矩大小的方法就是改变阻力的位置，换句话说，负荷距离旋转点（关节）越近，它所产生的力矩越小。负荷距离旋转点越远，它所产生的力矩越大（见图 3-1-57）。

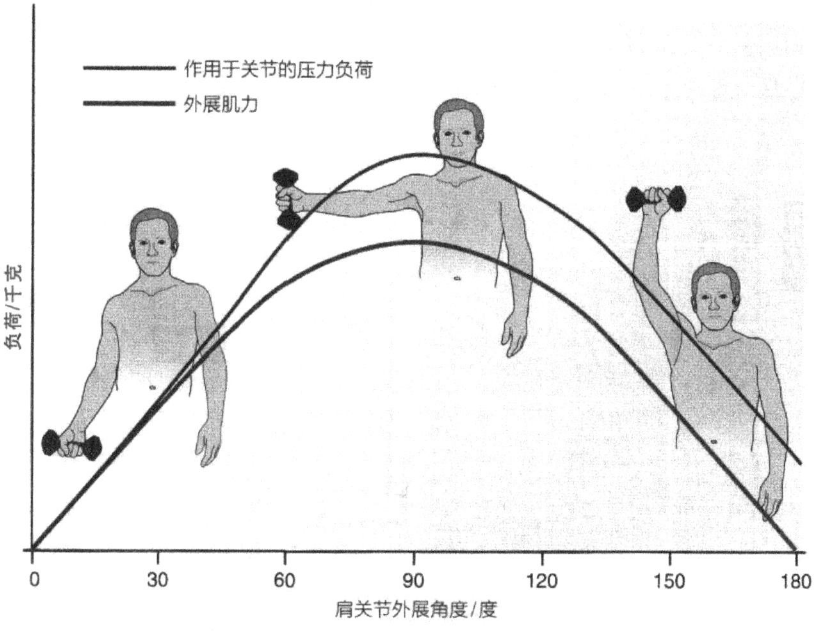

图 3-1-57 负荷与力矩关系

举例来说，手持哑铃，手臂在身体一侧向外伸直（肩外展），重物距离肩关节中心大约 24 英寸（1 英寸 =2.54 厘米）。肩关节外展的原动肌是三角肌，如果它的附着点距离关节中心约 2 英寸，差值就达到约 22 英寸。然而，如果重物向关节中心靠近，移至肘关节位置，阻力距离关节中心大约 12 英寸，差值只有约 10 英寸。实质上，负荷约减少了一半。

很多人练习哑铃侧平举（将哑铃在身体一侧举起）会无意中弯曲肘关节，

并使哑铃靠近肩关节。私人教练可以利用这个原理，在练习过于苛刻时，通过减少作用在 HMS 上的力矩来降低练习难度，或者通过增加力矩，对 HMS 提出更高要求，从而提高练习难度。

5. 肌肉与能量供给

人类活动时，即肌肉收缩时，使用的能量是由储藏在肌肉中的 ATP 分解成 ADP 时释放出的。但是，肌肉中储藏的 ATP 数量有限，为了继续活动，必须通过合成 ATP 来补充。

人的身体里储藏着从食物中摄取的糖类和脂肪，身体通过分解这些营养物质获得能量，再次合成 ATP。这一过程称作能量代谢，主要渠道分为磷酸原系统（CP 系统）、无氧糖酵解系统和有氧氧化系统 3 种。

磷酸原系统是指将存在于肌肉内的磷酸肌酸分解为肌酸和磷酸并产生能量，利用这一能量将 ADP 再合成 ATP（见图 3-1-58）。磷酸原系统可以在瞬间提供大量能量，但肌肉内的磷酸肌酸含量很少，完全转换的话 10 秒就会耗尽。

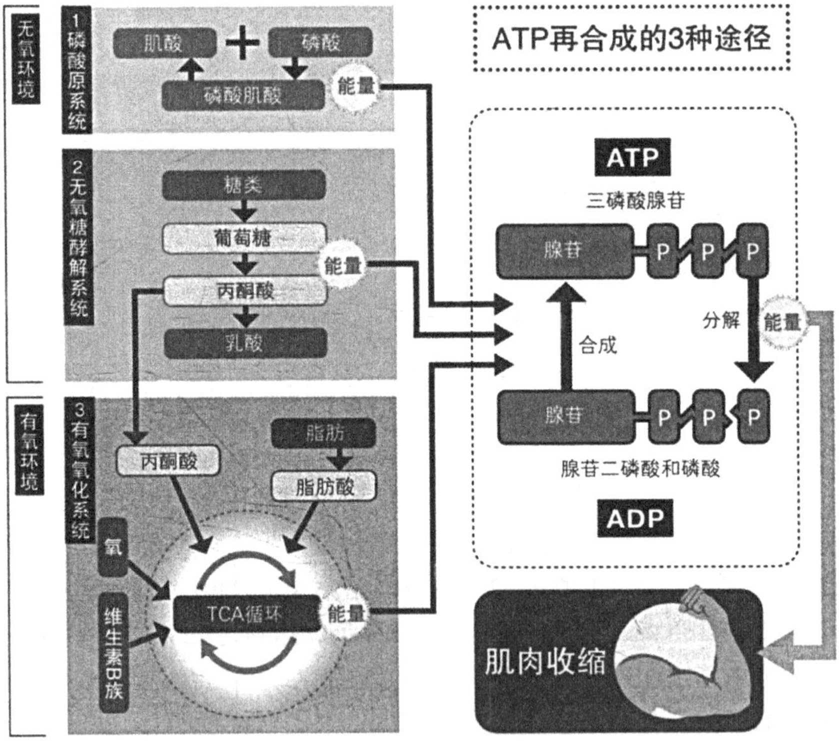

图 3-1-58 ATP 再合成

无氧糖酵解系统是指让肌肉中储存的糖类经过多次分解，转换为丙酮酸并释放能量，将 ADP 再合成为 ATP。分解先从血液中的葡萄糖开始，在运动造成血糖不足、无法供能时，通过分解肌肉和肝脏中储存的糖原，用于 ATP 再合成（见图 3-1-58）。无氧酵解系统的运转速度和维持时间在 3 种系统中都处于中等，完全转换的话 30 秒左右就会耗尽。

有氧氧化系统是让无氧糖酵解系统生成的丙酮酸和血液中的脂肪酸进入细胞线粒体中的三羧酸循环，生成 ATP。有氧氧化系统的运转速度慢，但只要有充足的氧气供应，并且有糖类和脂肪为原料，可以实现长时间持续供应能量。

在高强度短时间的运动（100 米跑等）中，大部分能量由运转速度快的磷酸原系统提供。高强度且持续时间在 1 分钟左右的运动，无氧糖酵解系统是其主要能量来源。比这强度低的运动，主要靠有氧氧化系统供应能量，运动能持续很长时间。

6. 动作控制

为了以有条理且高效的方式移动，HMS 必须对自身各部分实现精确的控制。这种对各部分的控制是一个囊括神经、骨骼和肌肉以产生适当的动作反应的综合过程。此过程（以及对这些动作的学习）称为动作控制，主要内容是中枢神经系统使用参与动作的结构和机制，整合内部和外部的感官信息与以前的经验，产生熟练的动作反应。动作控制关注参与动作行为的神经结构，以及它们如何产生动作。

（1）肌肉协同效应

动作控制中最重要的概念之一是肌肉协同效应。它使肌肉和关节以功能单位来运作，从而简化了人体运动。借助正确动作模式（正确的技术动作）的练习，这些协同效应会更加流畅和自动化。常见的肌肉协同效应如表 3-1-5 所示。

表 3-1-5　常见的肌肉协同效应

练习	肌肉协同效应
	股四头肌、腘绳肌、臀大肌

续表

练习	肌肉协同效应
	三角肌、肩袖、斜方肌

（2）本体感受

本体感受利用来自机械感受器（肌梭、腱梭和关节感受器）的信息，提供与肌肉和关节发力及受力情况有关的身体姿势、动作、感觉等信息。本体感受是一种重要的信息来源，神经系统利用它收集环境信息以产生最高效的动作。研究显示，本体感受在受伤后会改变。这意味着目前许多健身俱乐部的会员的本体感受可能由于过去的损伤而有所改变。这也为核心训练和平衡训练提供了理论依据，这些训练有助于提高本体感受能力，从而增强姿势控制并减少组织过度负荷。

（3）感觉运动整合

感觉运动整合是神经系统收集并解读感官信息，选择并进行正确的动作反应的能力。其定义说明神经系统是动作的终极指挥。只要传入的感官信息是高质量的，感觉运动整合就会有效。使用不正确的姿态进行训练，将会使错误的感官信息传递至中枢神经系统，导致动作代偿和潜在的损伤。因此正确地设计训练计划并鼓励客户始终以正确的技术进行训练是非常重要的。例如，客户做推胸时一直圆肩和耸肩，将导致肌肉长度－张力关系改变（改变了肌肉长度），力偶关系改变（错误的肌肉募集模式），以及关节运动改变（错误的关节运动），最终会导致肩撞击综合征或其他肩部损伤。

7. 关节运动

手臂和腿的弯曲、伸展和旋转等动作，都是以关节为中心进行的，如“内收”或“外旋”等，各个动作都有相应的名称。了解与关节运动相关的肌肉及其功能，有助于在训练中有意识地锻炼肌肉。

关节运动有“伸展、屈曲”“内收、外展”“内旋、外旋”和“旋前、旋后”

等（见图 3-1-59 ～图 3-1-64）。在关节中，有像肩关节这种可以做各种运动的关节，也有像指关节这种运动受限制的关节。在日常的各种动作和竞技动作中，几乎每个动作都由两个及以上的关节运动组合而成。进行训练时，如果能了解哪个关节在进行哪种运动、哪块肌肉在发挥作用，并在此基础上进行训练，效果会更好。

理解关节运动，有助于避免不平衡的关节运动形成的坏习惯，对于预防运动损伤也十分重要。当一个关节运动不够充分时，会靠其他的运动来代偿。某个部位受伤或者老年人做某个动作有障碍时，会有其他关节来补充，这种代偿可以说是很方便的。但竞技运动选手如果利用了本不该使用的关节，就会出现问题。

处于入门阶段的训练者要重点注意上述问题，并可以利用肌力训练来更好地理解肌肉与关节运动的关系。

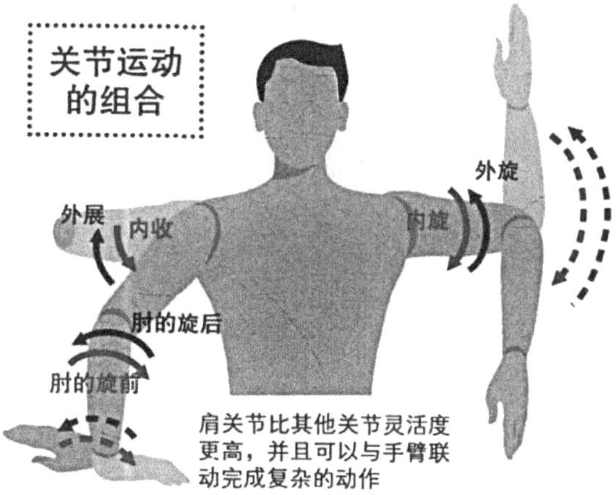

图 3-1-59　关节运动的组合

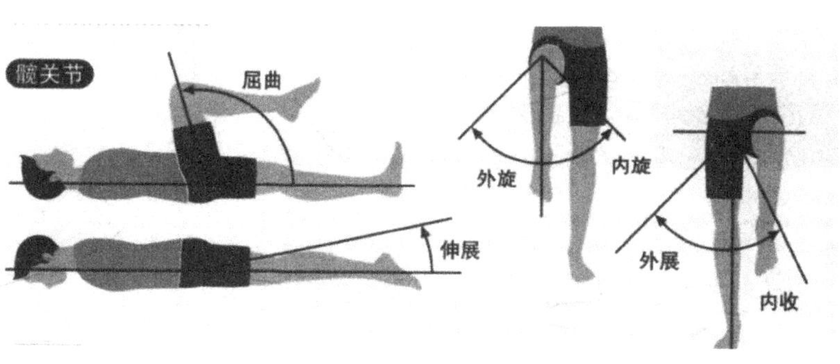

图 3-1-60　髋关节运动

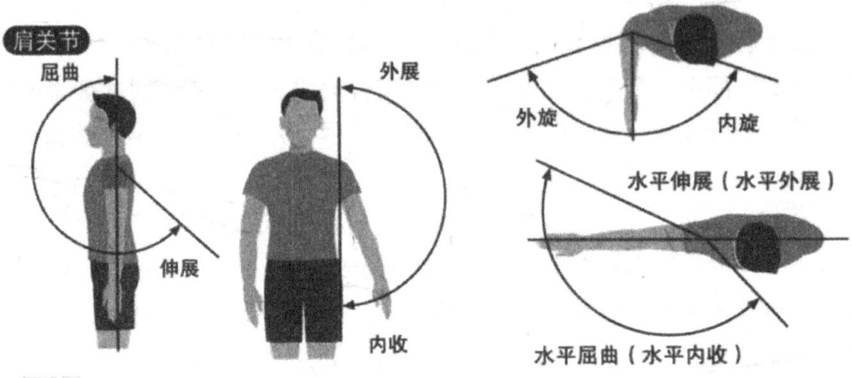

图 3-1-61　肩关节运动

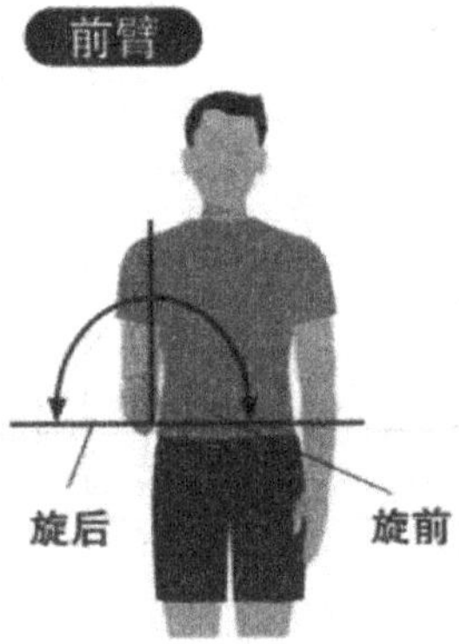

图 3-1-62　前臂运动

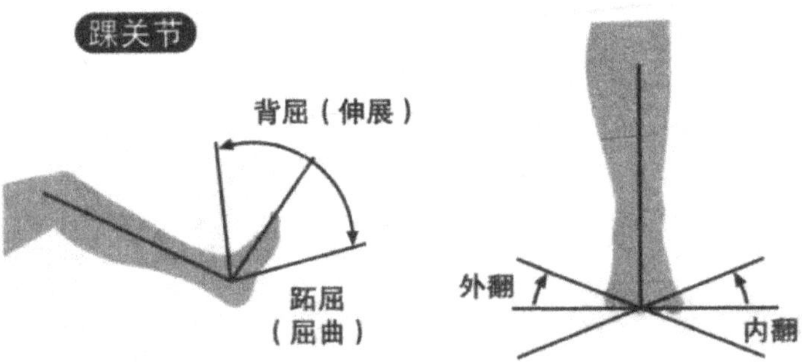

图 3-1-63　踝关节运动

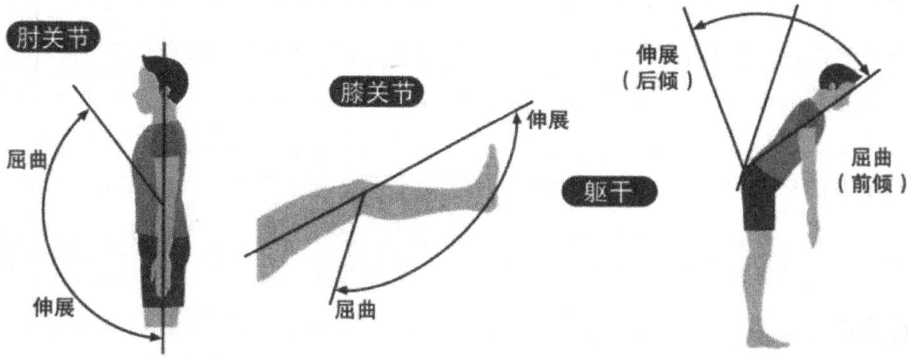

图 3-1-64　肘关节、膝关节、躯干运动

四、健康状况测量与评价

（一）体能评估

1. 体能评估的含义

全面的体能评估包含一系列手段，以帮助健身专业人员确定客户当下的健康及体能水平。一旦确定客户的健康及体能水平的基线，私人教练就可以为该客户设计最适合的练习。有一系列的体能测试及手段供私人教练来确定客户基准的体能水平。具体的测试取决于客户个人的健康及体能目标、教练的经验、正在进行的训练计划的类型，以及可用的体能评估设备。

体能评估可以使私人教练与客户不断地进行信息沟通，保证随时监督并评估训练方案的既定目标完成情况，确保客户能够达到个人所期望的健康目标。体能评估使健身专业人员能够持续跟踪客户的需求、功能性能力，以及训练所带来的生理影响，使客户能够获得个性化训练方案所带来的所有益处。

私人教练必须明白的一点是：健康和体能评估在任何情况下都不是为了诊断医疗或健康问题，而是为了对客户的身体结构与功能性状态进行观察与记录。此外，运动健身机构所提供的体能评估同样不能代替医疗健康检查。如果客户在参加健康检查之后被确认存在高风险，或者出现潜在健康问题的迹象或者症状，或者在任何观察或训练中有极度困难或疼痛的表现，那么私人教练应该将客户介绍给其医生或者具有资质的医疗保健服务机构，以确定其根本原因。

2. 客户体能主观信息

私人教练的首要责任是提供安全且高效的训练指导与措施，并且帮助客户成功达到个人的健康以及体能目标。为了实现上述目标，私人教练需要全面了解每一名客户的个人以及职业背景，如其身体能力、健康状况、目标以及期望。全面的体能评估提供了系统收集有关客户的主观信息及客观信息的方法，这些信息能够确保设计出并执行安全高效的训练计划。

私人教练通过收集包括职业、生活方式以及医疗背景等有关客户个人历史的主观信息，可以了解客户日常体育活动水平与健康状况。身体活动准备问卷（PAR-Q）（见图 3-1-65）可以筛查出很可能患有心血管疾病，并因此需要在开始训练前介绍给医生的客户。通过问答可以收集有关客户的身体结构与功能的重要信息，这些信息可用来帮助评估客户的慢性疾病风险因素、运动能力和日常的动作模式。

问题

1. 您是否有任何疼痛或者伤病（踝关节、膝关节、髋关节、背部、肩关节等）？（如果是，请说明　）　□是　□否

____

____

2. 您是否做过什么手术？（如果是，请说明　）　□是　□否

____

____

3. 医生是否曾诊断您患有任何慢性疾病，如冠心病、冠状动脉疾病、高血压（血压过高）、胆固醇过高，或者糖尿病？（如果是，请说明　）　□是　□否

____

____

4. 您现在是否在服用任何药物？（如果是，请列出药物名称　）　□是　□否

____

____

图 3-1-65　PAR-Q 问卷

有关娱乐休闲及爱好的问题反映了客户在闲暇时间的活动。必须结合适当的针对性训练方案来提高人体动作系统的效率，并且降低受伤风险。有久坐习惯的客户可能无法采用与那些经常参与运动人群同样的训练。

了解客户的病史对于保证训练的安全性、有效性及趣味性非常重要。过往的伤病会影响人体动作系统的功能，因此需要向客户详细了解。外科手术的影响与伤病类似，因为手术会引起疼痛和炎症，如果没有适当的复健，势必会影响神经对受影响肌肉和关节的控制。了解客户的慢性疾病情况同样重要，有久坐习惯的客户特别容易患有慢性疾病。许多寻求个人训练服务的客户或许正在服用一种或多种处方类药品，因此私人教练有必要了解一些常见药品及其对训练的影响。必须注意的一点是，私人教练不能管理、规定或者指导任何处方类药品的使用及效果。如果私人教练对其客户正在使用的药品有任何疑问，都应及时咨询客户的医生或者医疗专业人员。

3. 客户体能客观信息

在体能评估中收集的客观信息包括静息状态以及运动状态下的生理指标（如血压、心率）、静息状态下的身体数据（如身高、体重、体脂百分比和身体围度）以及特定的体能指标（如肌肉耐力、柔韧性和心肺功能）。在体能评估中收集的客观信息也可以作为基准，与几周、几个月甚至几年之后的评估数据进行比较。此外，当后续数据与基准数据进行比较时，在理想情况下，与健康相关的各类体能指标都会有明显的提高，从而证明训练方案的效果。客观信息的类别包括以下几种。

（1）生理指标

在通常情况下，心率与血压评估是健康状况测量的主要生理指标。这主要缘于静息心率（HR）与血压（BP）的评估是客户整体心肺健康水平及体能状态的敏感指标。通过初次测量以及后续多次测量客户的 HR 和 BP，私人教练能够收集有价值的信息，帮助设计、跟踪和进阶客户的训练计划。例如，静息心率是相当好的整体心肺功能指标，而运动心率则是客户的心肺系统对于运动的反应和适应性的非常具有说服力的指标。

（2）身体成分评估

身体成分是指在体重中脂肪与无脂肪组织的相对比例，更为常见的称呼为“体脂率”。无脂肪组织的重量被定义为除存储脂肪之外的体重，包括肌肉、骨骼、水分、结缔组织、器官组织和牙齿，而脂肪重量包括所有的必需脂肪（对于正常身体运作至关重要）以及非必需脂肪（存储脂肪或者脂肪组织）。

有许多方法可用于估算身体成分，这些方法的成本、准确度和所需的技术方法各异。

①皮褶测量：使用卡尺来估计皮下脂肪量。

②生物电阻测量法：使用便携式仪器通过身体传导电流来估算脂肪。这种评估方法基于一个假设：含水量高的身体组织比含水量低的组织（如脂肪组织）在传导电流时的电阻更小。

③水下称重：一般被称为静水称重，在运动生理学实验室中其一直是用于确定身体成分的最常用技术。被统称为瘦体重的骨骼、肌肉和结缔组织在水中会下沉，而体脂在水中会浮起，这个事实就是静水称重背后的主要原理。从本质上说，比较一个人在自然状态下的体重与水下的体重，就可以确定体脂率。因为骨骼与肌肉密度比水更大，瘦体重比例较大的人在水下会相对更重，并且最终的体脂率更低。体脂含量较高的人在水中的重量就会相对较轻，因此会有更高的体脂率。

（3）心肺功能评估

心肺功能评估可以帮助私人教练为客户确定安全有效的起始训练强度与合适的心肺训练方式。测试心肺（心脏与肺部）系统能力最有效的方法是运动心肺功能测试（CPET），这种测试也被称为最大摄氧量（VO_2max）测试。然而，最大摄氧量测试往往并不具备可操作性，因为这种测试设备要求高、耗时长，并且客户不一定愿意做最大强度的运动。因此，次最大强度运动测试往往是确定心肺功能和体能的首选方法。次最大强度运动测试可以用来预测或估算VO_2max。此类测试与VO_2max测试类似，但两者的不同之处在于次最大强度运动测试会在一定的心率强度或者时间范围内停止测试。事实证明，有多种次最大强度运动测试能够可靠有效地预测VO_2max，并且这些测试往往可以采取不同的方法（跑步/步行测试、功率自行车以及台阶测试）。所有这些测试都可以使用，但是在选择的时候要考虑空间和设备的制约，以及具体的测试对象（如老年人和儿童）。3分钟台阶测试与罗克波特测试是广泛使用的两种评估心肺功能的次最大强度运动测试。

（4）静态姿势评估

在详细的静态姿势评估中涉及许多要素。这里讨论的静态姿势观察只是理想评估的一个简化版本，理想的评估需要由医生或者物理治疗师来进行。

一般来说，需要检查关节中立位与排列、左右对称、肌肉张力的平衡性，以及特定的姿势变形。要从多个位置（前面、侧面、后面）观察保持负重姿势（站立）的客户。健身专业人员应该在整体姿势中寻找严重的偏差。

姿势评估需要观察动力链（人体动作系统）。为了周密安排此观察，美国国家运动医学会（NASM）设计了动力链检查点，让私人教练能够以有条理的方法系统性地观察客户身体。动力链检查点关注的是主要的关节区域，包括足踝；膝；腰椎－骨盆－髋关节复合体（LPHC）；肩；头与颈椎。

1）前视图（见图 3-1-66）的动力链检查

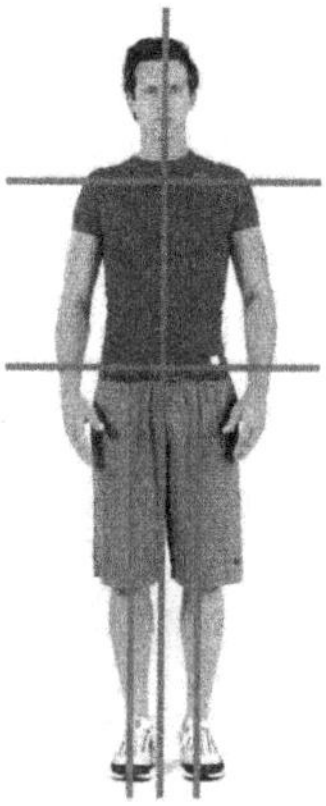

图 3-1-66　前视图

①足踝：朝正前方且相互平行，没有扁平足或者外旋。

②膝：与脚尖处在同一条直线上，没有内收或者外展。

③ LPHC：骨盆是水平的，双侧髂前上棘在同一水平面。

④肩：水平，没有耸肩或者圆肩。

⑤头：中立位，没有倾斜或者旋转。

2）侧视图（见图 3-1-67）的动力链检查

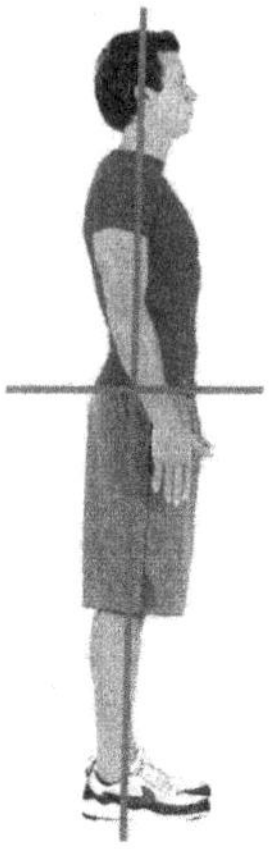

图 3-1-67　侧视图

①足踝：中立位，腿与足底垂直。

②膝：中立位，没有屈曲或过伸。

③ LPHC：骨盆中立位，没有前倾（腰椎伸展）或后倾（腰椎屈曲）。

④肩：正常的背部曲线，没有过度圆肩。

⑤头：中立位，没有过度伸展（向前“伸出”）。

3）后视图（见图 3-1-68）的动力链检查

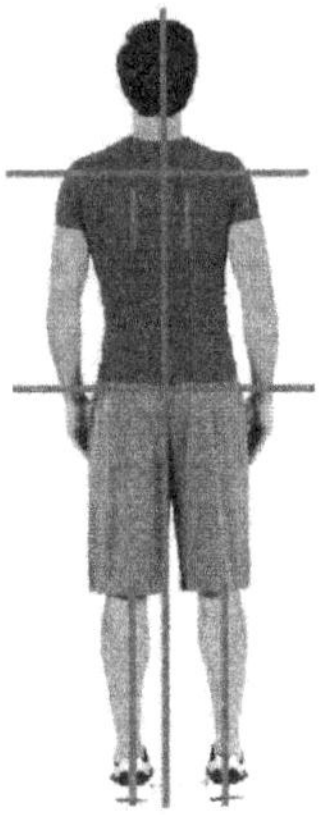

图 3-1-68　后视图

①足踝：双脚的脚跟竖直并且互相平行，没有过度的旋前。

②膝：中立位，没有内收或者外展。

③ LPHC：骨盆是水平的，双侧髂后上棘在同一水平面内。

④肩 / 肩胛骨：水平，没有耸肩或者圆肩（肩胛骨的内侧缘应该基本平行，并且间距 3 至 4 英寸）。

⑤头：中立位，没有倾斜或者旋转。

（5）动态姿势评估

姿势通常被认为是静止的（或没有运动的）。然而，为了满足运动的需求，姿势每天都在不断改变。因此，一旦完成静态姿势评估，就应进行动态姿势评估。从动态姿势评估中得出的结果应进一步证实在静态姿势评估中的观察结果。此外，或许能够在动态姿势评估中发现未能在静态姿势评估中发现的身体问题。因此，动态姿势评估（观察动作）是了解客户整体功能状态的最为快捷的方式。因为姿势也具备动态的特性，这些观察显示出在其自然动态环境中的姿势变形及潜在的过度激活和激活不足的肌肉。

动作观察除了提供有关肌肉与关节相互作用的重要信息，还可提供下蹲、推、拉和平衡等基本功能的信息。在观察过程中应寻找影响客户训练结果（在健身环境内外）及可能导致受伤的不平衡因素，包括解剖、生理和生物力学方面的不平衡。考虑到大多数健身专业人员可用于观察的时间有限，采用系统化的评估流程是非常重要的。

（6）运动表现评估

运动表现评估可针对寻求提高其运动表现的客户使用。这些评估将测试上肢的稳定性和肌肉耐力、下肢的敏捷性以及整体力量。基本的运动表现评估包括俯卧撑测试、戴维斯测试、卧推力量测试和深蹲力量测试等。

（二）健身锻炼效果的测量与评价

1. 有效性

有关测量最重要的问题是有效性。有效性的首要条件是一致性。一致性包括了测量本身的可信度和测量者的客观性。一个测量具有可信度和客观性，它仍有可能不具有有效性，而如果该测量不具有这两者则其肯定是无效的。确定测量的一致性后，该测量能否获得预期结果是由三个重要标准决定的：内容效度、共同效度和结构效度。内容效度表示本次测量基于逻辑原理、专家鉴定和广泛的实际用途；共同效度表示本测量与相同特征的“接受”测量高度相关；结构效度则是通过该测量结果与理论预期结果的一致来得以证实。

2. 提升健身锻炼效果测量精确度的方法

（1）受测者的准备

好的测量结果基于受测者对所进行测试目的的了解，对该测量特别或新奇之处的练习，对测量前休息、饮食、药物和运动等方面要求的严格遵守，并对测量在生理和心理上做好准备。如表 3-1-6 所示，它是用来判断受测者是否准备好测量的方法。

表 3-1-6　判断受测者是否准备好测量的方法

步骤	项目
1	已经阅读和理解了测量步骤
2	签名表示同意
3	已经练习过测量步骤并能顺利完成
4	清楚开始和停止程序
5	测量前、测量中、测量后都清楚可能出现的结果
6	测量前休息、饮食、吸烟和用药、衣着和鞋子符合要求

续表

步骤	项目
7	无病伤
8	没用药（医生建议的除外）
9	做过适当的热身运动

（2）组织测量过程

受试者的准备是组织测量工作的一部分。除了表 3-1-6 列出的以外，健身测试人员必须确定受试者应注意的每一件事是否都已准确就绪。如表 3-1-7 所示，其列出的是测试人员应当掌握的情况。

（3）注意测量工作的细节

测试人员可以通过密切注意测量工作的细节，如表 3-1-6、表 3-1-7 所示的测量细节，来提高测量的精确度。只有当测试人员密切注意测量方案的各个方面，如受试者的准备、测量的组织以及数据收集的精确度等，测量结果才可能准确无误。

表 3-1-7　测试人员应掌握的情况

步骤	项目
1	安排好参与测量的每名人员
2	设备处于工作的正常状态
3	测量结果登记表和其他设备完善
4	测试助手十分清楚自己要做的工作
5	测试助手对所要做到的工作进行彻底检查
6	安排好测量的时间和顺序
7	测试人员和受试者都清楚开始和结束时应注意的事项
8	受试者准备好测量
9	急救措施和步骤完善
10	受试者做过热身运动
11	测量后动作和反应的建立
12	温度计、湿度计和气压计所显示的数据均在适应范围内
13	场地和测试范围清洁，做过标志以待测试
14	环境安静、隔绝、舒适

3. 测量结果的解释说明

下面的建议可能对私人教练分析测量结果时有所帮助。

①强调个体健康状况而不是与别人比较。

②强调其变化（身体健康状况和行为的改变而不是测试结果本身）而不是其目前状况。

③基于测量数据和私人教练对受测者的了解提出合理建议。

五、特殊锻炼问题的解决方法

（一）运动和怀孕

男女在运动过程中的生理差异已有非常详细的记录。大多数观察到的男女之间的运动表现差异可以通过身体结构、肌肉质量、瘦体重和体脂肪比例以及在较小程度上的血液化学的差异来解释。当调整身体成分的测量指标时，生理和运动表现的参数差距都会显著缩小或完全消失。怀孕女性的生理和训练考虑因素如表 3-1-8 所示。

表 3-1-8　怀孕女性的生理和训练考虑因素

生理的考虑	健康和体能、体育和运动训练的考虑
禁忌证包括：第二至第三孕期的持续性出血，以及在当前或以前的妊娠过程中有子宫颈闭锁不全或者胎儿宫内发育迟缓、妊娠高血压、胎膜早破或早产的病历记录	仔细筛查潜在的运动禁忌证
有氧运动可用的氧气减少	应该每周 3 至 5 天进行低到中等强度的有氧运动（峰值锻炼能力的 40% 至 50%），着重于无负重练习（如游泳、骑自行车），但也可以选择某些适当的跑步机或椭圆机训练模式
在剧烈运动过程中，姿势会影响血液流向子宫	避免仰卧练习，尤其是在孕早期之后
即使不运动，怀孕也会让每天的代谢需求提高 300 千卡，以维持能量平衡	建议有足够的热量摄入，以抵消锻炼的消耗

续表

生理的考虑	健康和体能、体育和运动训练的考虑
高风险妊娠考虑因素包括：年龄超过35岁、流产史、糖尿病、甲状腺疾病、贫血、肥胖和久坐不动的生活方式	目前尚未出版专门针对孕妇运动的抗阻、柔韧性或平衡训练的指南。运动强度应低于有氧运动处方的规定（峰值锻炼能力的40%至50%），并仔细注意所述的特殊考虑因素和禁忌症，在训练计划中加入这些组成部分可能会有帮助。对于抗阻训练，如果医生同意，则建议采用循环训练的形式，每个练习1至3组，每组12至15次重复，强调呼吸控制和组间的按需休息 建议在运动时穿着容易散热的衣物 产后运动应类似于孕期的运动指南，因为在怀孕期间发生的生理变化可能会保持6周

有大量的研究记录表明，怀孕期间运动对母亲和发育中的胎儿在生理和健康方面都有良好的影响。人们担心血液循环加快、体温调节变化或氧气供应减少会让胎儿受到伤害，但通过适当的预防措施可以将这种担心降至最低。目前，普遍的共识是，大部分的休闲活动都适合所有的孕妇。怀孕前就已经参加锻炼计划的人可以继续中等强度的运动，直到第三孕期，此时建议合理减少活动。

胎儿逐渐长大，这可能会改变孕妇的姿势，使柔韧性和核心训练变得重要，特别是核心定性练习，有助于提高骨盆肌肉组织的力量。随着准妈妈的孕期进展（第二孕期和第三孕期，或者12周后），不建议采用俯卧（趴）或仰卧（躺）的姿势进行练习，也不建议使用无法控制的躯干扭转动作。而且，也不建议在器械上进行髋外展和髋内收等抗阻练习。孕妇的心血管系统也会有相应的变化，会降低其锻炼能力，导致心肺训练计划要进行必要的调整，并且在有氧活动中恰当地补充水分也变得更加重要。最后，私人教练应该知道，女性在生育期间很容易出现恶心、头晕和昏厥。

怀孕的女性如果出现任何上述症状，并且伴有腹痛（或者宫缩）、呼吸过于短促、出血或羊水渗漏，就应该立即停止运动。

在产后阶段，女性可能会急于参加锻炼计划，想恢复至怀孕前的生理状态和身材。私人教练必须谨慎地建议客户，怀孕期间发生的变化可能会保持一个月到一个半月的时间。在理想状况下，应鼓励产后女性重新学习姿势、关节力线对齐、肌肉不平衡、稳定性、运动技能以及深层核心稳定肌（如腹横肌、腹内斜肌和盆底肌群）的募集。应该推迟并循序渐进地参与较剧烈的锻炼计划。

私人教练应该遵循怀孕女性的基本运动指导原则（见表 3-1-9），使用坐姿和站姿评估。如果客户有足够的能力，也可以进行单腿下蹲评估。柔韧性练习应以坐姿和站姿进行，在第二和第三孕期中尤其如此。应使用静态拉伸和主动拉伸，如果可以承受，也可以使用自我肌筋膜放松。但是，不应对有酸痛感的静脉曲张部位或有肿胀的部位（如小腿）进行自我肌筋膜放松。在怀孕的中后期（第二和第三孕期），不建议以仰卧或者俯卧姿势进行自我肌筋膜放松。心肺训练应主要由第一阶段的练习组成，并且只有获得医生的建议时才进入第二阶段。怀孕前较少运动的女性应该从 15 分钟的连续有氧活动开始，逐步进阶到 30 分钟的低到中等强度的有氧活动。不建议该人群在第一孕期之后采用快速伸缩复合训练。在第一孕期中可以使用最佳运动表现训练模型（OPT）的阶段一和阶段二，建议在第二和第三孕期中只使用阶段一。

表 3-1-9　怀孕女性的基本运动指导原则

模式	进行低强度或踏板有氧运动（要避免产生震动的动作），如在跑步机上行走、骑固定自行车、水中活动
频率	每周 3 至 5 天
强度	进行第一阶段练习，并且只有获得医生的建议时才进阶到第二阶段
持续时间	每天 15 至 30 分钟。可能需要从只有 5 分钟的练习开始，并逐步增加至 30 分钟
评估	推、拉、过头深蹲 单腿下蹲或者单腿平衡
柔韧性	静态拉伸、主动拉伸和自我肌筋膜放松
抗阻训练	每周 2 至 3 天，使用轻负荷，12 至 15 次重复 OPT 模型的阶段一和阶段二（在第一孕期后只使用阶段一）
特殊考虑因素	怀孕 12 周后，避免采用俯卧（趴）或仰卧（躺）姿势的练习，禁止对静脉曲张和肿胀区域使用自我肌筋膜放松 在第二和第三孕期内，不建议进行快速伸缩复合训练

（二）老年人健身

1. 生理特点

随着时间的推移，年龄的增长，人体内部心血管系统、呼吸系统和运动系统都发生了改变。

（1）运动系统的特点

由于内分泌和代谢功能的改变，导致很多老年人骨萎缩和骨质疏松，表现为骨质减少、骨皮质变薄，加上一些无机盐在骨内的沉积，使骨骼的弹性、韧性进一步降低，骨骼变脆，容易发生骨折，最常见的是股骨颈骨折。老年人骨质的减少是由于钙质自骨中释放出来的结果，四肢骨和脊柱较明显。

老年人肌肉出现萎缩、肌肉力量减少、肌力降低。一般 30 岁左右男子的肌肉重量约占体重的 40%，而到老年时则占体重的 25%。老年人由于关节软骨萎缩、发生纤维变性等退行性钙化，关节面逐渐粗糙变形，又由于关节软骨附近常出现不同程度的骨质增生或肌肉附着部分出现骨化以及关节滑囊僵硬、韧带弹性减弱等，造成老年性骨关节的退行性钙化或出现畸形，如驼背、脊柱侧弯等。

（2）心血管系统的特点

老年人心血管系统的主要改变如下。首先，由于心脏心肌细胞数目减少、脂褐素沉着、心肌纤维化及发生淀粉样变使心肌萎缩，以及供应心脏血管营养的冠状动脉出现粥样硬化，致使心肌收缩力量减弱。其次，老年人血管弹性减退、动脉管壁硬化、管腔变窄使血管外周阻力增加，动脉血压升高，致使心脏工作负担加重。这两方面因素共同作用使心血管系统的生理功能受到削弱，表现为心输出量减少，60 岁以上的老年人心输出量较 25 岁的青年减少 30% ～ 40%，脉搏频率逐渐下降、血流循环缓慢，使身体各脏器的血流量也减少，老年人肾脏的血流量也较年轻人减少 30% ～ 40%，使组织、器官的供氧受到影响。此外，老年人心血管系统机能水平的降低较为明显，70 岁老年人的心脏储备能力仅为 40 岁时的 50%。老年人运动时，心率因不能充分代偿而加快，心率增加次数较青年人少，为增加心输出量，往往要升高血压，且运动后恢复时间长。

（3）呼吸系统的特点

老年人的呼吸机能减退也很明显。老年人肺泡融合、间隔萎缩失去弹性，使肺组织弹性降低，氧弥散功能出现障碍。老年人呼吸肌力量减弱、肋软骨钙化、韧带弹性减弱使胸廓的活动幅度减小。由于以上原因，使肺的通气和换气功能降低，肺活量一般从 35 岁就开始下降，到 80 岁时约下降 25%，而残气量却增加了近一倍，使动脉中的血氧含量降低。此外，有的老年人胸廓还会出现畸形如桶状胸等，更加重了呼吸机能的减退。

（4）神经系统的特点

老年人由于大量的神经细胞发生萎缩和死亡，不仅使神经细胞数目减少，而且细胞中的核糖核酸的数量也在迅速减少。同时，神经纤维也会出现退行性改变。70 岁老年人的大脑重量与 30 岁时相比减少 10%，大脑皮层的表面积也减少了 10% 左右。老年时期，脑的生理学变化以脑血管硬化、脑血流阻力增加、血循环减慢、脑血流量及氧耗量降低为主。由于以上这些变化，引起老年人大脑皮层神经活动过程的兴奋和抑制转换速度减慢，神经活动过程的灵活性降低，对各器官、系统活动的调节功能减弱，建立新的条件反射较困难，记忆力减退，对刺激的反应较迟钝，保持体位、支撑力、平衡力有障碍。神经细胞工作耐力差，容易疲劳，疲劳后恢复得也较慢。

2. 运动的益处

新陈代谢是生命的基本特征，从生理学的角度看，衰老现象的发生，是由于新陈代谢的迟滞、衰退引起的。当人进入老年以后，由于新陈代谢明显降低，各器官的功能就逐步发生了一系列老年性改变。但科学研究结果已经证明，老年人肌体的结构和功能仍然存在着提高和改善的可能性，科学合理的体育锻炼，使肌体承受一定的运动负荷，可以促进全身的血液循环，使身体各组织细胞得到微血管提供的充足的氧气和营养物质，改善组织细胞的代谢。由于新陈代谢过程中的改善和各器官、系统功能对运动负荷的适应性增强，就使得老年人仍能减轻肌体退行性改变的程度以及减缓其发展的进程，使老年人肌体的生理功能得到增强和改善，从而达到推迟衰老和增进健康的目的。

3. 运动处方

根据老年人的解剖生理特点，在进行体育锻炼时应注意以下几方面。

①由于老年人体质情况个体差异较大，因此，在参加体育锻炼前要进行全面的身体健康检查，以便合理地选择运动项目及确定适宜的运动负荷。

②老年人参加体育锻炼时，必须根据自己的身体情况，量力而行。运动负荷要从小到大逐渐增加，增加的速度不宜太快，每增加一级负荷，都要有一个适应阶段。在锻炼中要按照循序渐进和持之以恒的原则。

③老年人不宜参加速度性项目和力量性锻炼，宜选择以提高身体心肺功能为主的有氧全身运动项目，如散步、慢跑、游泳、太极拳等。这些运动项目既可以提高老年人的心肺功能，又可以使神经系统、运动系统的功能得到改善。

④在活动时，呼吸要自然，动作要缓慢而有节奏。要避免做屏气和过度用力的动作（举重、俯卧撑、引体向上等），尤其对有动脉硬化的老年人，更应避免引起血压骤然升高的动作。对于可能引起身体血液重新分配和影响脑部血液循环的身体骤然前倾、后仰、低头及弯腰的动作，也要尽量少做或不做。

⑤在活动中要注意适当安排短暂休息，运动前后要认真做好准备活动和整理活动。老年人锻炼时，气氛应轻松、愉快和活跃。比赛往往易使精神过于紧张，从而容易引起意外事故发生。为此，老年人不宜过多参加比赛。

⑥老年人参加体育锻炼，应时常了解自己的脉搏频率、血压及身体健康状

况，以便进行自我监督。一般来说，老年人运动后应感到心情舒畅、精神愉快、轻度疲劳、食欲及睡眠较好、晨脉稳定、血压正常。如果运动后出现头痛、头晕、胸闷、心悸不适、食欲减退、睡眠不佳及明显疲乏等现象，则说明运动负荷过大，应及时调整锻炼内容、运动负荷或暂停锻炼。美国国家运动医学会推荐，老年人运动强度阈值是 60% 最大心率（HRmax）（50% 摄氧量），其适应心率为 110 ～ 130 次 / 分钟，每周 3 次，每次 20 ～ 30 分钟。老年人运动时，也可用运动后即刻脉搏变化和恢复时间来控制运动负荷。一般运动后即刻脉搏以不超过 110 次 / 分钟为宜，老年人的适宜运动负荷也可用“170- 年龄”这个公式来掌握。运动后 5 ～ 10 分钟内脉搏恢复到安静时的水平较为合适。这样的脉搏反映了一般老年人在运动中，身体氧的需要量和消耗量之间的平衡，这种强度对一般老年人是适宜的。对于健康及有锻炼基础的老年人可采用“180- 年龄”这个公式来掌握其运动负荷。

⑦遇有感冒或其他疾病、身体过度疲劳时，不要勉强，应暂停锻炼，并及时进行治疗或休息。老年人在体育锻炼期间应定期进行体格检查。

（三）慢性肺疾病

吸烟是导致死亡并且可预防的原因之一，也是慢性肺疾病发展的主要风险因素之一。慢性肺疾病主要分成两大类：限制性和阻塞性。在限制性肺疾病或失调中，肺组织可能呈纤维化，并因此功能失调（如肺纤维化或石棉肺）；患者肺部扩张的能力由于某些原因（如肋骨骨折、神经肌肉疾病甚至肥胖）而降低。在阻塞性肺疾病中，肺组织可能是正常的，但是气流受限。阻塞性肺疾病主要有哮喘、慢性支气管炎和肺气肿等。这些疾病的基本特征是慢性炎症（主要由吸烟引起，但哮喘也可能由环境刺激引起）和气道阻塞（原因是黏液的产生）。囊性纤维化是另一种以黏液分泌过多为特征的疾病，但这是一种遗传性疾病。

对于限制性和阻塞性肺疾病，运动中可能出现的损伤都是类似的。其问题包括通气减少和气体交换能力的降低（导致有氧能力、耐力和血氧饱和度下降）。患有肺疾病的客户在低强度的运动中就会疲劳，经常会气短（或呼吸困难）。肺气肿患者常常体重过轻，表现出总体肌肉萎缩，并可能伴有颈部肌肉肥大（被过度使用，以辅助费力的呼吸）。慢性支气管炎患者可能刚好相反，表现为超重和桶状的胸部。肺疾病人群的生理和训练的考虑因素如表 3-1-10 所示。

表 3-1-10　肺疾病人群的生理和训练的考虑因素

生理的考虑	健康和体能、体育和运动训练的考虑
肺疾病经常与其他并发症有关，包括心血管疾病	筛查是否存在其他并发症
肺部交换气体的能力降低，导致血氧饱和度下降，并在低负荷时出现明显的呼吸困难	如果可能，经过适当的培训，使用脉搏血氧仪确定血氧饱和度水平，脉搏血氧饱和度值应高于90%，并且一定要高于85%，不管症状如何，低于该值时都应禁止继续运动
慢性功能失调导致有氧体能下降，降低肌肉能力	有氧运动处方应该视客户呼吸短促的情况而定。锻炼负荷为峰值锻炼能力的40%至60%，每周3至5天，在可承受的范围内练习20至45分钟，这是可以实现的。可能需要采用休息得比较频繁的间歇性训练，以达到足够的整体运动时间
与下肢练习相比，上肢练习可能会导致呼吸困难和疲劳比预期更早出现	应根据疲劳程度仔细设计并修改上肢练习计划。抗阻训练可能会有帮助，应遵循保守的指导原则，建议进行交替心肺训练（PHA）形式的循环训练（8至10个练习，1组，每个练习重复8至15次），强调呼吸控制和组间按需休息
客户可能会有明显的肌肉萎缩和较轻的体重	如果客户很瘦，一定要建议进行适当的热量摄入，以补偿锻炼的消耗
客户可能需要补充氧气	教练在锻炼过程中可能不会调整氧气流量。氧气流量也被认为是一种药物。如果客户在运动中出现不正常的呼吸困难或血氧饱和度下降的迹象，应停止运动，并向客户的医生咨询

一般来说，针对这些客户的练习与适合一般人的练习相似，其基本运动指导原则如表 3-1-11 所示。对于该人群，运动能够提升心肺功能，减少呼吸困难的症状，还有许多其他生理和心理上的好处。利用下肢的心肺训练和耐力训练是最容易承受的。上肢运动会增加对辅助呼吸肌的压力，这些肌肉在运动过程中参与稳定上肢的工作。因此，在为这一人群制订运动计划时应该谨慎，确保有充足的休息时间，建议使用 PHA 体系。

表 3-1-11　肺疾病人群的基本运动指导原则

模式	在跑步机上行走、骑固定自行车、在踏步机和椭圆机上锻炼
频率	每周3至5天
强度	峰值锻炼能力的40%至60%
持续时间	锻炼20至45分钟

续表

评估	推、拉、过头深蹲 单腿下蹲或者平衡
柔韧性	静态或者主动拉伸和自我筋膜放松
抗阻训练	1组，8至15次重复，每周2至3天 建议进行OPT模型的阶段训练 建议使用PHA训练体系
特殊考虑因素	进行上肢练习时会导致呼吸困难的增加，必须加以监控 允许练习之间有足够的休息时间

在一些客户中，呼吸肌训练能够明显改善与呼吸有关的工作。与患有肺疾病的客户合作的健康和健身专业人员应该就这些干预进行相关咨询，看看是否可以用它来补充普通运动计划。如需了解更多信息，可以阅读美国心血管和肺康复协会出版的关于肺疾病客户的运动评估和训练的综合指南。

六、运动膳食

（一）营养

1. 营养的含义

掌握基本的营养概念和应用知识对于理解人体动作系统如何正常运作是很重要的，同时也让私人教练能够为其客户设计个性化的综合训练计划。NASM认为积累有关基本营养概念和应用的基础知识，是所有私人教练的重要特征和必备条件。

营养是动物或植物摄入食物成分并将其用于组织的生长和修复的所有过程。这个非常基本的定义并没有说明饮食在个人的健康、外表、运动表现和幸福感方面的作用。私人教练对营养的基本理解对于其客户的安全和成功来说非常重要。针对个人规划的营养策略能够增强训练刺激的效果，提高健康水平和运动能力，减少疾病的风险，提高能量水平，并帮助客户实现身体成分的有利改变。

私人教练应熟悉营养的概念。营养策略与运动相结合将帮助客户达到预期的效果。但重要的是要认识和尊重每个专业领域的执业范围。在营养领域中具有合法执业资格的专业人员是注册营养师（RD）。注册营养师是专业的饮食和营养专家，接受过大量的培训，并达到特定的标准。私人教练并不是持照的保健专业人员（除非他们接受过额外的训练和教育），但经常向其客户提供营养建议。因此，所有私人教练都必须了解与之相关的执业标准和执业范围。

只有对营养和体重管理的基本知识有一个总体的了解，才可以教育客户并提供这方面的一般性指导。私人教练有可能是客户带着营养问题咨询的第一个人，所以能自信地阐明营养、体能和体重控制之间的关系非常重要。但是，提供个人营养评估、饮食计划或者食疗建议的工作最好还是留给注册营养师或其他具备资质的持照专业人员。计算、咨询或制订个性化营养计划或体重管理计划所需的技能和能力超出了私人教练的训练和专业范围。

2. 能量与身体成分

私人教练必须了解关于减重和饮食常见的误区，并且能够教授客户安全有效的饮食和减重方法。对饮食和减重的大多数常见错误认识如果没有被消除，它们通常会阻碍客户的进步，并且可能会对客户健康造成严重的负面影响。

增加和减少体重的真相非常简单。摄入的能量少于消耗的能量，体重就会降低。反过来，摄入的能量多于消耗的能量，体重就会增加。但影响上述两种场景的因素非常多。在现如今的生活环境中，不断出现各种可口美味的食物（增加了能量摄入），同时生活习惯越来越趋向于久坐不动（减少了能量消耗），综合来看，这两个方面是导致肥胖率不断攀升的主要因素。

（二）运动、训练、营养

1. 饮食

为了让全身机能顺利发挥作用，消化和吸收营养，迅速生成能量十分重要。

人类每天通过饮食摄入的食物主要由糖类、蛋白质、脂肪、维生素、微量元素五大营养物质及其他食物纤维、水分等构成。

这些营养物质有构成能量来源、构成身体成分、调整身体状态的作用。营养物质的过量与不足都会影响人体的健康状况、竞技能力和训练效果。即使进行正确的训练，若不能在恰当的时间摄入必要的营养物质，不仅会导致训练效果不会理想，还有可能损害健康。

（1）营养物质的功能分类

①构成能量源——糖类、蛋白质、脂肪。

②构成身体的成分——蛋白质、微量元素、水。

③辅助能量生成，调整身体状态——维生素、微量元素。

（2）五大营养物质

1）糖类（碳水化合物）

①营养物质的功能：实现身体活动的骨骼肌的能量来源；糖类在胃部被消

化，在小肠被吸收后，作为糖原储存在肝脏和肌肉中；此外，其和维生素 B_2，一起摄入可以促进能量的生成。每克糖类可以产生 4 千卡能量，其中之一的葡萄糖是大脑的唯一能量来源。

②与运动的关系：运动时的主要能量来源。运动员每餐都要摄入糖类。

③主要食物来源：米饭、面类、年糕、薯类、水果等。

2）蛋白质

①营养物质的功能：构成并修复人体组织和结构；参与激素、酶以及其他调节肽的合成；如果饮食中的能量或碳水化合物摄入不足，其还可以用作能量。

蛋白质由通过肽键连接在一起的氨基酸组成。人的身体使用大约 20 种氨基酸来构建其许多不同的蛋白质。正如特定的字母顺序可构成特定的单词一样，按不同的顺序排列氨基酸就构成了人体内无数的氨基酸（从肌动蛋白等肌肉蛋白质到构成眼球的蛋白质）。

②与运动的关系：为了修复在训练中受到破坏的肌肉应大量摄入。

③主要食物来源：鱼、肉、蛋、大豆类食品和乳制品等。

3）脂肪

①营养物质的功能：脂肪是饮食中最集中的能量来源，1 克脂肪在氧化时可以产生大约 9000 卡的热量，是每克碳水化合物或蛋白质所提供热量的 2 倍多；除了提供能量以外，脂肪还充当脂溶性维生素 A、维生素 D、维生素 E 和维生素 K 的载体，维生素 D 可以促进钙的吸收，帮助人体组织（尤其是骨骼和牙齿）利用钙，脂肪在胡萝卜素转化成维生素 A 的过程中也有重要的作用。

②与运动的关系：与糖类一样是运动时的能量来源；此外，从脂肪到能量的生产都需要维生素 B_2 的参与。

③主要食物来源：植物油、黄油、肉类的脂肪部分等。

4）维生素

①营养物质的功能：帮助糖类、蛋白质、脂肪三大营养物质完成分解与合成，调节健康。当维生素无法在体内合成或合成的量不足时，必须通过食物摄取。

②与运动的关系：促进糖类到能量的生成。如果其缺乏会引起疲劳、免疫力低下等问题，导致身体状况不佳。

③主要食物来源如下。

维生素 B_1 的来源：猪肉、鳗鱼、大豆、玄米。

维生素 B_2 的来源：猪肝、乳制品、胡萝卜、鸡蛋。

5）微量元素

①营养物质的功能：骨骼和血液的构成成分，具有调节氧气的搬运、肌肉

的收缩和神经传递信号等功能。其主要通过小肠被吸收，然后运送到身体各组织中储存起来。

②与运动的关系：对运动能力有很大影响，如预防受伤需要钙元素，提高耐力需要铁元素。

③主要食物来源如下。

铁的来源：猪肝、牛肉、鳗鱼、金枪鱼、海藻、黄绿色蔬菜等。

钙的来源：乳制品、小鱼、大豆类、食品、黄绿色蔬菜等。

2. 运动训练与饮食

人类通过饮食摄入人体所必要的营养物质。食物中的营养物质比例不同，从各种食物中均衡摄取身体所必需的营养物质的饮食方法，被日本厚生劳动省和农林水产省推荐为营养全面型饮食。

营养全面型饮食是指包含主食、主菜（肉、鱼、蛋、大豆类食品）、副食（蔬菜、海藻、菌类）、水果和乳制品的饮食。

此外，进行训练时，不同目的（增肌和提高耐力等）和内容（负荷设定）的训练所需的营养量和营养物质不同。为了有效完成最合适的训练，要注意摄入的时机。

（1）营养全面型的饮食与营养物质

主食，包括米饭、面包、面类等。它们富含糖类，是身体，特别是大脑的能量来源，对追求体能和高度注意力集中的专业运动员来说是最不可缺少的食物。对于主食，每餐都要摄入，不足的部分应加餐补充。

主菜，包括肉、鱼、蛋、大豆类食品等。它们是构成肌肉、骨骼和血液等的蛋白质的主要来源。运动员每餐摄入量为普通人的 2 倍左右。

副食，包括蔬菜、海藻类、菌类等。它们是调节身体状况的维生素、微量元素和食物纤维的主要来源。当其摄入量不足时容易引起感冒、便秘、受伤等问题，从而影响健康状况。维生素和微量元素不易吸收，容易缺乏，所以每餐要特意摄入。

乳制品，包括牛奶、酸奶、奶酪等。它们富含钙、蛋白质、维生素等骨骼构成成分。为了预防骨折和受伤等问题，必须要每天摄入乳制品。

水果，是调节健康状况的维生素和微量元素的主要来源。富含维生素 C 的食物有助于铁的吸收，能帮助身体较快去除疲劳。此外，果汁含糖类较多，也是重要的能量来源。

（2）训练方法与饮食

1）力量训练的饮食要点

①能量（糖类）充足。训练后身体处于能量不足的状态，为防止肌肉中的蛋白质被消耗生成能量，要补充糖类。

②蛋白质的摄入。训练会破坏肌纤维，大量摄入蛋白质可以使肌肉比以前更大（肌肉的超量恢复）。

③维生素 B_6 的摄入可以促进氨基酸合成蛋白质。

④时机、量的选择。力量训练结束后体内会分泌蛋白质合成激素，因此训练结束后应尽快补充蛋白质含量较高的食物。

力量训练结束后的 48 小时内蛋白质代谢都会受到影响，因此，第二天也应摄入蛋白质含量高的食物。

⑤力量训练的推荐食物如下：含蛋白质较高的肉、鱼、蛋、大豆制品、乳制品等；含 B 族维生素较高的金枪鱼、柴鱼、动物肝脏、鸡胸肉、西蓝花、玄米、香蕉等。

总之，训练结束后到第二天要注意摄入蛋白质含量较高的食物。此外，蛋白质的过量摄入（超过 2 克 / 千克 / 天）会给肝脏和肾脏带来较大负担，所以也要注意不要过量摄入。

2）耐力训练的饮食要点

①能量（糖类）充足。在训练中为了保证作为能量来源的糖类（肌糖原）不缺乏，要摄入一定量的主食，此外要适量加餐。不训练的日子也要按每天摄入能量的 55% ～ 60% 摄入糖类。

② B 族维生素（主要是维生素 B_1、维生素 B_2）的摄入。维生素 B_1 可以促进糖类的能量生成，维生素 B_2 可以促进脂肪的能量生成。摄入它们可以维持长时间的训练。

③铁的摄入。铁是血红蛋白的主要成分。

④时机、量的选择。

A. 下次训练在 4 小时以内时，训练结束后应摄入糖类含量较高的食物。

B. 下次训练为第二天之后时，到第二天训练为止应尽量在饮食中多摄入糖类。

⑤耐力训练的推荐食物如下。

A. 含糖类较多的米饭、面类、年糕、薯类、水果等。

B. 含 B 族维生素较多的猪肉、肝脏、鳗鱼、大豆制品、蛋、乳制品、糙米、帝王菜等。

C. 含铁较多的动物肝脏、牛肉、柴鱼、金枪鱼、蛋、大豆制品、菠菜、海苔、羊栖菜等。饭后食用水果，或者用柠檬和醋烹饪的食物能促进铁的吸收。

总之，一日三餐都要充分摄入主食。训练中可以适当加餐补充糖类（肌糖原）。此外，通过主菜和副食可以补充促进能量生成的 B 族维生素和铁。饮食中要注意主食、主菜、副食搭配均衡。

（三）理想膳食补剂

如果人在一天中能够有规律地进食，那么人体内的能量水平就会保持稳定，人就不会挨饿，而且体内的新陈代谢也能得到足够的能量供给。由于大部分人都太忙而没时间每天做 6 顿营养丰富的饭。所以，可以在前一天晚上就做好，然后把它们放入冰箱，第二天拿出来用微波炉加热就可以了。还可以 2 ～ 3 餐喝蛋白质饮料或吃能量棒，用它们和正常三餐搭配。吃这些东西，人既不需要买菜做饭，也无须清洗和整理厨房。在这里，推荐蛋白质饮料，因为运动型能量棒往往含有大量的糖，而蛋白质饮料含糖量低且不含有其他不必要的添加剂。

如果想增大块头，可以选择高热量的“增重”蛋白质饮料；如果想减脂塑形，可以选择蛋白质含量高于碳水化合物含量的膳食补充，并向其中加入 1 勺亚麻子油。一定要记住，大部分奶昔状的膳食补充剂中含有麦芽糖糊精，它能使饮料变稠，但它的血糖生成指数很高。如果补充剂中含有麦芽糖糊精，可加入 1 勺亚麻子油以延缓吸收。

出门在外时加餐的简单办法之一是在水瓶里装一些蛋白粉，需要的时候加水冲调。为防止粉末结块，可以先用一半的水调匀，再添加剩余的一半水。如果蛋白粉仍然会结块，那就需要换另外一个品牌试试。传统的经验是容易调和的膳食补充剂也容易吸收。

下面列出的是一个配合膳食补充的饮食计划。

第一餐：麦片粥、水煮鸡蛋和半个鳄梨。

第二餐：训练后的蛋白质膳食补充剂加餐。

第三餐：金枪鱼、加橄榄油和香醋色拉酱的色拉、香蕉。

第四餐：加亚麻子油的蛋白质饮料。

第五餐：鱼肉和蔬菜。

不喜欢吃早餐的人可以试着用蛋白质饮料来代替。人已经空腹了一整夜，第一餐有驱动新陈代谢和提供身体必需营养素的重要作用，因此不能忽视它。

训练后加餐。这是最重要的一餐，也是前面所讲的饮食法则的一个例外。在训练结束后，人们需要尽快补充以下食物。

① 30 ～ 50 克精益蛋白质，如乳清、大豆、鸡蛋、鸡肉或鱼肉等。

② 30 ～ 50 克血糖生成指数高的碳水化合物。

之所以需要精益蛋白质，是因为脂肪会延缓蛋白质和碳水化合物的吸收。在锻炼时，肌肉组织受到了微小损伤。在锻炼结束后的一段时间内蛋白质合成速度就会达到顶峰。如果在锻炼结束后的 45 分钟内，为肌肉提供了大量的氨基酸——蛋白质的主要成分，肌肉组织就能更好地自我修复。乳清蛋白粉是训练后补充蛋白质的最佳选择，因为它的吸收速度极快，而且在所有蛋白质中，它的利用率是最高的。

需要血糖生成指数高的碳水化合物的原因如下。锻炼刚结束，是碳水化物被迅速吸收进入血液的最佳时机。大量葡萄糖能导致胰岛素的量达到峰值。胰岛素有助于把蛋白质运送到肌肉以修复已有肌肉和制造新的肌肉。它还能调节葡萄糖的存储、补充和使用。在锻炼过程中，储存在血液和肌肉中的葡萄糖来为人的活动提供能量。如果消耗的葡萄糖没能在锻炼结束后的 45 分钟内补足，人的身体会很快地从合成代谢状态（肌肉生长和修复）转到分解代谢状态（分解身体的肌肉以获取蛋白质和能量）。胰岛素会使机体补充和储存糖原，而血糖生成指数高的食物最易引发胰岛素的释放，所以在锻炼结束后，人最好摄入血糖生成指数高的碳水化合物，并搭配精益蛋白质。一种简单有效的锻炼加餐是乳清或大豆蛋白补充剂，并配以麦芽糖糊精或简单糖类作为碳水化合物的来源。

七、运动损伤及预防

（一）运动损伤概述

在竞技和训练等运动中发生的损伤和障碍统称为运动损伤。

运动损伤分为两种：一种是在竞技和训练中由于受到强大外力而突发的（急性）运动外伤；另一种是在运动中由于重复某一动作造成身体某部位过度使用，或是由于疲劳的积累造成的慢性运动障碍。

典型的运动外伤有扭伤、脱位、骨折、软骨损伤、韧带损伤、肌腱断裂、肌肉拉伤、脑震荡、皮肤创伤等。这些外伤都是突发的，所以一般被认为只是偶发性的，但也与特定动作和疲劳等有关。例如，踝关节扭伤容易发生在跳跃的落地和复位中，腘绳肌拉伤容易发生在全速奔跑时，骨折和挫伤容易发生在相扑等运动接触过程中伴有较大外力的时候。此外，疲劳的累积造成的判断力、反应速度和肌肉耐力下降，以及本身带有的其他运动损伤也是引起外伤的原因。

典型的运动障碍有疲劳性骨折、夹胫痛、跟腱炎、跑步膝、网球肘等。导致这些障碍的主要原因有“动作姿势有问题”“力量不足”“练习后的恢复不充分”等。总之，身体的构造、力量、柔韧性失衡容易造成身体各部位受到的负荷不均衡，导致负荷集中在骨骼、关节、肌肉、肌腱、韧带等处，从而容易引发慢性运动障碍。

（二）肌肉、肌腱的运动损伤

在运动中突然对肌肉和肌腱施加巨大的外力，以及疲劳积累、身体过度使用、炎症等的慢性发展，都会导致外伤和运动障碍。肌肉的外伤包括肌肉拉伤和肌肉挫伤，运动障碍包括肌肉疼痛等。肌腱的外伤包括肌腱断裂，运动障碍包括肌腱炎和腱鞘炎等。肌肉和肌腱的恢复需要恰当的调养和治疗。经过一段时间的休养后症状会消失，但是力量和柔韧性仍然较差，这会导致竞技能力下降。所以，肌肉和肌腱一旦出现疼痛要立即接受专业医生的诊断和恰当的治疗。根据症状的不同，治疗和康复需要花费的时间不同。

1. 肌肉拉伤

肌肉的剧烈收缩或强力拉伸造成的一部分肌肉断裂的状态称为肌肉拉伤，如图 3-1-69 所示。

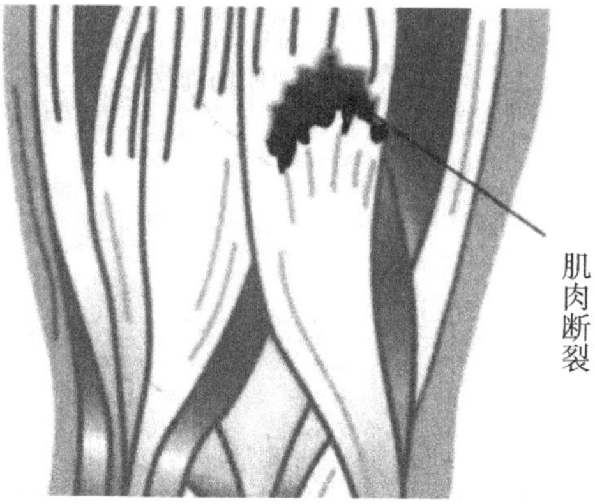

图 3-1-69　肌肉拉伤

（1）多发部位

肌肉拉伤多发生在大腿前侧、后侧、小腿肚等部位。

（2）症状

发生肌肉拉伤的症状为肌肉收缩时疼痛以及舒张时伴有疼痛、肿胀，并有发热的感觉，严重时会出现无法走路和皮下出血的症状。

（3）处理方法

当发生肌肉拉伤时，应紧急进行 RICE［RICE 由 Rest（休息）、Ice（冰敷）、Compression（压迫）、Elevation（抬高）四个单词的首字母组合而成］处理，在一定时间内停止运动。如果症状较轻则几天后进行拉伸和力量训练；若症状较为严重则几周后根据恢复情况决定是否进行训练。

2. 肌肉挫伤

由与其他选手或器械冲撞等产生的强大外力导致的肌纤维及其周围血管等组织的破损，称为肌肉挫伤，如图 3-1-70 所示。

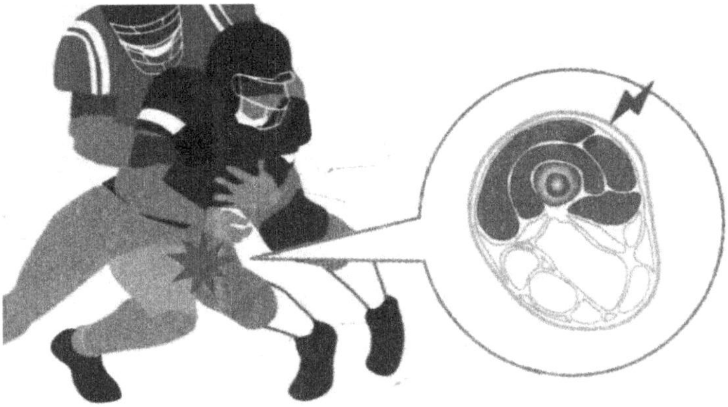

图 3-1-70　肌肉挫伤

（1）多发部位

肌肉挫伤多发生在运动中接触和冲撞较多的部位。

（2）症状

发生肌肉挫伤的症状为压痛、自发性疼痛、运动时疼痛、肿胀、有灼热感、皮下出血、明显的活动受限等。

（3）处理方法

当发生肌肉挫伤时，为防止瘀血范围扩大应立即进行 RICE 处理，并避免负重。其症状严重时需要进行手术。

3. 肌腱炎

外力对肌腱的反复拉扯造成肌腱部分轻微损伤及变性，肌腱发生炎症的状态称为肌腱炎。

（1）多发部位

肌腱炎多发生在膝关节、脚跟、脚底、手腕等部位。发生在脚跟的肌腱炎称为跟腱炎，如图 3-1-71 所示。

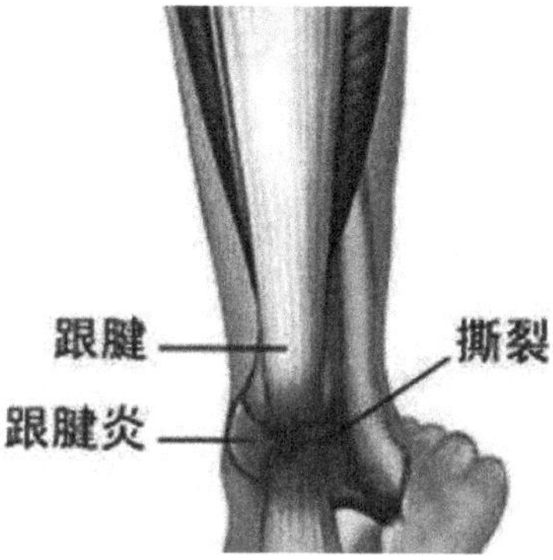

图 3-1-71 跟腱炎

（2）症状

发生肌腱炎的症状为运动时伴有疼痛、压痛、灼热感、肿胀等。

（3）处理方法

当发生肌腱炎时，应使受伤处保持不动并冰敷，直到炎症消除。之后以改善柔韧性、力量和动作能力为目的进行康复训练。

（三）关节、韧带的运动损伤

关节是由骨、软骨、肌肉、肌腱、韧带等复杂地连接在一起的结合体，因此，损伤通常也是复合性的。关节的外伤有脱位（半脱位）和韧带损伤等。这些损伤主要是由于落地和冲撞的外力及接触性对抗致使关节活动超过活动范围，从而导致保持关节稳定的结缔组织破裂而引起的。

关节损伤会因为运动项目和运动动作的不同而分出许多种类。跑步膝和棒球肘是典型的例子。它们主要是由于在跑动、击球、投球等运动中反复进行的动作不够规范或过度重复造成的。

1. 脱位

在跌倒和碰撞时对关节施加的强大力量导致关节骨骼位置关系被破坏，继而出现损伤的状态，称为脱位。常见的脱位有肩关节脱位（见图 3-1-72）、手指关节脱位等。发生脱位后韧带和关节囊也会有损伤，有时与韧带连接的骨骼的一部分也会剥离，进而会引起撕脱性骨折。

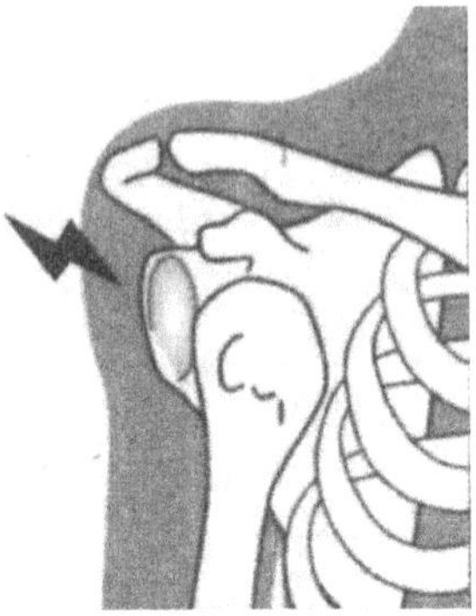

图 3-1-72　肩关节脱位

（1）多发部位

脱位多发生在肩、肘、膝、手指等部位。

（2）症状

发生脱位的症状为疼痛、肿胀、有灼热感、动作困难、关节变形和不稳定等。

（3）处理方法

当发生脱位后要尽快帮助关节复位。应接受医生的复位治疗，否则有可能伤害到周围的组织。有时需要通过适当的固定和康复训练进行保守性恢复，但当反复脱位或关节的稳定性变差会对运动员的运动生涯造成影响时，则需要进行手术治疗。

2. 韧带损伤

韧带损伤是指在运动中落地或碰撞对关节施加的压力超过了关节活动度，引起的韧带部分或全部断裂。关节的过度扭转叫扭伤，大多数情况下扭伤会伴有韧带损伤，这两种损伤可以看作是相同的。其中，比较常见的关节扭伤为踝关节内翻扭伤，如图 3-1-73 所示。

（1）多发部位

韧带损伤多发生在脚腕、膝关节等部位。

（2）症状

发生韧带损伤时的症状为压痛、活动时疼痛、肿胀、有灼热感、活动受限等。

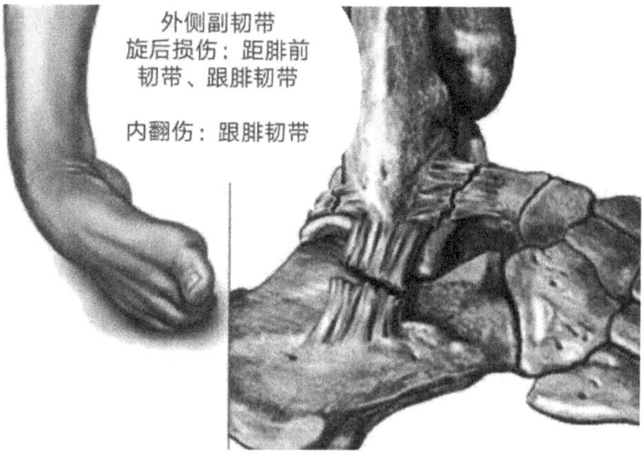

图 3-1-73　踝关节内翻扭伤

（3）处理方法

当发生韧带损伤后应立即进行 RICE 处理。为了保护关节可用绷带和胶布进行固定。反复扭伤会造成关节的稳定性变差，因此最好进行适当的静养和康复训练。

（四）骨骼、软骨的运动损伤

在训练中，对骨骼和软骨一次性施加超过其承受力的巨大力量，或反复施加轻微外力时，会引发骨骼和软骨的损伤。骨骼的损伤可以根据症状和状态分为各种类型的骨折，其中由于反复施加外力而导致的骨骼的部分龟裂为疲劳性骨折。椎间盘突出和发育期的骨骺疾病等属于软骨的损伤，此外，发育期的棒球肘（外侧型）等剥脱性骨软骨炎等属于骨骼和软骨的复合性损伤。骨骼因为容易再生所以容易治疗，而软骨损伤后想要治愈非常困难，大多时候需要手术。

1. 骨折

竞技中的摔倒和冲撞等给骨骼带来巨大冲击，会使骨骼发生龟裂，造成损伤，也就是骨折。骨头的连续性被破坏的状态称为完全骨折，而所谓有裂缝的状态叫不完全骨折。没有露出体外的骨折叫闭合性骨折（单纯骨折），露出体外的骨折叫开放性骨折（复杂骨折）。

（1）症状

发生骨折时会伴有疼痛、肿胀、灼热感等症状，甚至发生完全骨折时，会伴有骨骼的变形和移位。

（2）处理方法

当发生开放性骨折时，为防止感染等并发症，要及时到医疗机构进行治疗。

发生闭合性骨折时最好采取适当的复位和固定措施，因此也建议尽早去医疗机构治疗。

2. 疲劳性骨折

向骨骼同一位置反复施加骨骼耐力范围内的外力，导致骨骼部分龟裂，称为疲劳性骨折。其早期发现时可以通过休息治愈，但带着疲劳性骨折继续参加运动有可能造成完全骨折。

（1）多发部位

疲劳性骨折多发生在小腿、大腿、脚趾等部位。其中小腿骨骼疲劳性骨折的多发部位如图 3-1-74 所示。

（2）症状

疲劳性骨折常伴有疼痛、肿胀、灼热感等症状。

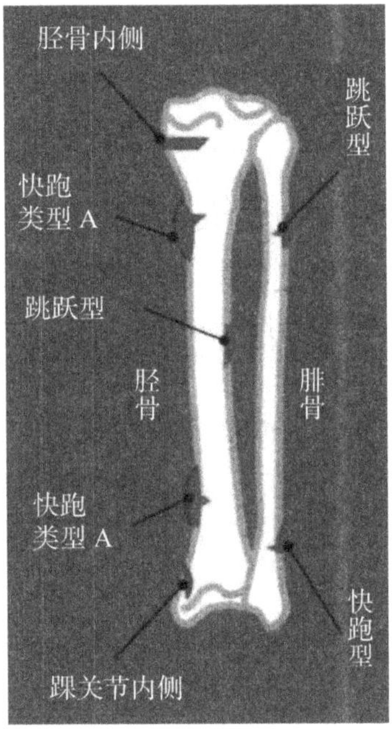

图 3-1-74　小腿骨骼疲劳性骨折的多发部位

（3）处理方法

发生疲劳性骨折时需安静休息等待骨骼愈合。疲劳性骨折是由于关节柔韧性和力量不足、动作不正确造成的，所以要在改善这些问题后再回归训练。

3. 软骨损伤

软骨起着整合关节和分散冲击的作用。大于软骨耐力的冲击和对局部的反复压迫会磨损软骨，造成损伤，这就是软骨损伤。

（1）多发部位

软骨损伤多发生在肩、肘、膝、脚腕等部位。

（2）症状

发生软骨损伤时常伴有疼痛、肿胀、异常响声、活动受限（感觉被卡住）等症状。

（3）处理方式

软骨损伤非常难治愈，所以当关节有异常响声或活动受限时，要马上停止运动，接受专业医生的诊断。软骨损伤很难单纯通过 X 线检查判断，有时还需要接受磁共振成像（MRI）检查。

（五）运动损伤的预防

1. 运动损伤预防总则

参加运动就会容易受伤，而想要完全避免受伤几乎是不可能的，但近几年的研究表明，运动容易引发的伤病的特征越来越明晰。

例如，严重的下肢运动损伤——前十字韧带拉伤常见于落地急停和暴力扭转等动作中。此外，踝关节扭伤多发于脚腕柔韧性较差的人和腿外侧负荷过重的人身上。研究表明，其原因是落地和复位时，脚尖朝外膝关节朝内的动作使脚腕和膝关节发生不自然的扭转，这不仅容易引起前十字韧带损伤，还容易导致许多下肢的运动损伤。也就是说，只要改变这个不正确的动作就可以在很大程度上预防受伤。

此外，重复投球动作的棒球选手多出现肩部和肘部的慢性运动障碍，其大多是由错误的投球动作导致的。在练习中要多次重复投球动作，导致每次投球的负担虽小但因重复而不断积累，最终形成了巨大的负担，引发损伤。

为了预防投球损伤，掌握正确的投球动作是非常重要的。此外，投球动作要用到下肢、躯干和上肢，是全身性的运动，所以不仅要注意肩部和肘部的保养，对全身的保护也是必不可少的。

因此，为了有效预防损伤，大家要了解容易导致损伤的原因，找到合适的训练、保养和预防方法，并掌握正确的动作。

2. RICE 处理

在体育活动中发生肌肉拉伤、扭伤或骨折等运动损伤时，要在现场进行基本的处理，叫 RICE 处理。它几乎适用于所有的运动损伤。

当损伤发生时，应避免在不确认受伤情况的状态下继续运动。损伤部位的继续活动会加剧该部位肿胀和内出血，有可能引发功能障碍，因此要尽早进行 RICE 处理，防止损伤部分出现炎症和二次损伤。这个及时的处理对伤处的恢复影响很大。

首先，应马上暂停比赛和练习，进行“休息”（R）。其次，为了将伤处的灼热感和肿胀控制在最小范围内，要对伤处进行“冰敷”（I）。然后，为将肿胀降到最小，用弹力绷带等“压迫”（C）伤处。最后，“抬高”（E）患处使其高于心脏，可以防止肿胀加剧。RICE 处理只是应急处理措施，伤者之后还应尽早接受专业运动医生的诊断。

此外，在训练中受伤或感到疼痛时，最好立即中止训练进行 RICE 处理，并停止之后的训练。在比赛中也会暂停对抗进行 RICE 处理，赛场的医生如果给出“可以继续”的判断，可以选择继续比赛，但要根据自己的判断决定是否继续比赛，以避免继续比赛而造成更严重的后果。此外，棒球的投手下场后对肩和肘进行冷却可预防慢性运动障碍，这是充分利用 RICE 处理的例子之一。

进行 RICE 处理的注意事项如下。

①冰敷时，可以直接将冰袋敷在伤处，但冷却时间过长会伤害细胞，所以可以用绷带等把冰缠起来不直接接触皮肤，或是每间隔 1 ～ 1.5 小时冰敷一次。

②对于快要肿起来的部位，可以放上冰袋，用绷带缠好，同时进行冰敷和压迫处理。

③冰敷要间歇性地进行，压迫要持续 1 天。

第二节　私人教练必备的修养

一、道德修养

一般来讲，道德指道德原则的研究或实践，以及正确和错误的行为。在本节，它指私人教练在其执业范围内应该或不应该做的事情。大多数健身机构都认识到了道德问题的重要性，因此制定了自己的道德准则。以下是这些准则中最常见的一些元素。

①做出判断时，需牢记客户的最大利益。当私人教练有疑问时，此规则将引导自我。例如，这意味着私人教练不会因为佣金推荐产品，也不会因为客户想要快速减肥而忽略安全性。作为私人教练，有责任保证客户的安全，并提供有助于他们改善健康和体质的内容。

②对所有客户一视同仁。所有客户都有各自的故事，他们如何走到今天这一步以及他们是谁并不重要。要欣赏每位客户的旅程，并尊重他来寻求私人教练（或私人教练的机构）的帮助以做出积极改变的事实。

③表现的像专业人士一样。人们对专业有各种各样的想法。如果在训练时私人教练穿着背心并反戴着帽子，有些人不会介意，甚至有些人可能会喜欢这种穿着。但是，许多人认为这是不专业的。私人教练的外表会影响私人教练给别人留下的印象。按照以下做法会让别人认为私人教练更专业：穿着整洁干净的制服；保持自己整洁；保持无异味，无论是好还是坏，因为“好”是主观的，对于对任何香水都比较敏感的人或过敏患者来说，任何味道都会让他们望而却步。私人教练还应该通过以下方式让自己表现得更专业：准时，愉快地与客户打招呼，保持目光接触，口齿清晰并保持语言简洁切题。

④获取并保持必要的培训和教育，为客户提供最佳指导。私人教练获得的培训和教育越多，就越能更好地帮助客户，因为私人教练可以使用更多的工具。这种适应能力可以让私人教练避免所谓的“工具规律”，或者更简单地说，多参加行业内的诸如国际（国内）健身大会、亚洲体能教练、每年的健身健美技能大赛等活动，时刻保持对最前沿的健身资讯、训练方法等的掌握，以便随时随地能为客户提供最佳指导。

⑤保持专业领域的关系。过去常说私人教练不应该提供个人信息，因为他们应该保持严谨的敬业态度。然而，这个被视为的专业化已经发生了变化。私人教练生活在一个销售、营销和做生意都是关于各种关系的世界，并且这种关系不是单向的。因此，私人教练需要与客户分享一些自己的想法，因为这关系到客户如何与私人教练联系、关注并喜欢私人教练。

即便如此，有些事情仍然不适合分享。从更现实的角度看，今天的感受也不适合作为话题讨论。无论生活中发生了什么，一旦到达工作岗位，就是私人教练的表演时间。事实上，私人教练的举止直接影响客户，如果私人教练与其的会话是快乐和积极的，那么私人教练可以让客户感觉很好。相反，如果私人教练与其的会话带有消极态度，那么客户会感觉很糟，这并不是他们想要的。

专业化的另一个关键方面指何时或是否应该与客户进行身体接触。一些学院派认为，每次想要接触客户时都应该获得许可。这种反复询问是没有必要的，甚至可能令人反感。相反，应向客户说明会不时地接触他们的身体，以帮助他们找到正确的姿势或者让他们了解指定运动的正确位置。应明确指出，如果任何身体接触让客户感到不舒服，可以立即告诉私人教练。因此，真正的问题不在于私人教练是否接触客户身体，而在于私人教练如何接触客户。按照这些原则，建议私人教练永远不要使用手掌，这可能会让人觉得非常亲密。可以始终使用手指尖或手掌边缘。这种方法再加上敬业的态度，有助于私人教练在接触客户时让他们感到舒服。

⑥提供并保持安全的参与环境。如果私人教练使用维护不善的设施或设备，客户会面临受伤风险。当然，让客户面临安全风险除了并不符合其最佳利益之外，对私人教练自己也没有好处，还可能会让私人教练面临诉讼。

⑦将所有客户信息视为机密信息。作为私人教练，其不是专业医学人员，但私人教练可以访问一些客户的医疗信息。客户需要确信他们与私人教练分享的内容不会让别人知道。除非获得客户的书面许可，否则不能与任何第三方共享客户的个人信息。

二、法律修养

法律是私人教练采取必要预防措施以保证客户安全的体现。这方面的违法行为可能涉及“做了我们不应做的事情”或“未做我们应该做的事情”。这些属于过失类别，可以用有时被称为“四个 D”的 4 个关键要素来了解它们。

①职责（Duty）：对另一个人（如客户）的责任。

②失职（Dereliction of duty）：违反或疏忽职责，如在客户使用设备之前未检查设备的安全性。

③直接原因（Direct cause）：导致事件的行为或者不作为。

④损害（Damages）：由于因果关系事件造成的损害、伤害或两者兼有。

2021 年 7 月 8 日，北京市朝阳区某健身俱乐部发生了一起会员刘先生跑步猝死的事件，该健身俱乐部私人教练明明已经发现了刘先生的身体异常，但是在之后 50 分钟的时间里，健身房既没有通知家属，也没有联系急救部门，这才导致了后续悲剧的发生。正是因为健身房之前没有重视刘先生的身体不适情况，之后又没有很好地实施急救，这才导致刘先生死亡。2019 年 12 月，重庆市一名 34 岁的男子在健身房运动时心源性猝死；同月底，重庆市长寿区也发生一起会员独自练习卧推，被 120 千克杠铃砸胸倒地的情况。这样的新闻很多，现在将其作为一个案例，告诫所有私人教练和俱乐部经营者遵守执业范围的重要性。私人教练必须始终遵循久经考验的条款并采取一切必要的预防措施来确保客户的安全。

另一个法律陷阱涉及超越私人教练的专业界限，即越界进入其他受管制职业，如医生、护士、理疗师、运动训练员和注册营养师。这些都是需要持证的职业，所有这些执照都有一个严格的执业范围。私人教练的执业范围如表 3-2-1 所示。

表 3-2-1　私人教练的执业范围

私人教练不应该	私人教练应该
诊断	接受医生、理疗师、注册营养师的运动或健康指导 遵循关于医学疾病运动处方的全国共识指南 筛选运动限制 通过筛选确定潜在的风险因素 如有必要，让客户咨询其医生
开处方	制订运动计划 向医生咨询有关客户药物的问题
规定饮食或推荐特定的补充剂	提供有关健康饮食的一般信息 为客户推荐饮食专家或营养师，以制订具体的饮食计划
治病	将客户介绍给执业医师进行治疗 运用锻炼来帮助客户改善整体健康状况 帮助客户遵循医生 / 治疗师的建议
监测医疗转诊病人的进展情况	记录进展情况 向执业医师报告进展情况 遵循医生 / 治疗师 / 饮食专家的建议
康复	客户从康复中心出院后，为其制订一个锻炼计划
提供建议	提供训练指导 提供一般信息 将客户推荐给一位合格的咨询师或治疗师
治疗病人	与客户一起工作

三、专业知识水平

私人教练并不需要成为行业专家，但私人教练需要了解自身所讲述的内容，这能增加私人教练的可信度。

有出色的表现并不意味着就能成为一个好教练，很多世界顶级运动选手也并不能成为一个好教练。

私人教练最需要具备的能力就是可以鼓励他人超越目前的业绩水平。

为了做到这点，私人教练必须：愿意与其他人分享自身的知识和经验；愿意为他人、为组织奉献自己的时间；愿意相信人们可以取得更高的业绩；不会把别人的进步归结为自己的贡献；享受与别人一起工作的过程。

（一）私人教练需具有的技能

作为一个私人教练，需要有以下技能。

①在人际交往方面需要展现的技能，具体如下。

A. 建立良好关系。

B. 提出问题 / 获得信息。

C. 给出并接收反馈意见。

D. 倾听。

E. 说服、影响、鼓励他人。

②洞察并且准确解读正在发生的事情。

③帮助别人学习，并且能保持自学能力。

④思维敏捷并且能创造性地应对局面。

⑤帮助他人绘制更高绩效水平的蓝图。

（二）私人教练所需的其他方面的能力

私人教练不仅需要拥有技能，还需要其他方面的能力。

①不仅要对自己的能力充满自信，还要知道自己的不足。

②有天生的亲和力。

③信任他人，同时真心希望看到他人成功。

④愿意退居幕后，不求名利。

⑤具有同情心，可以站在别人的角度上思考问题。

⑥知道何时进行干涉，何时保持沉默。

⑦有耐心，愿意为别人付出时间。

⑧有幽默感。

四、服务纠纷防范技巧

（一）预防措施到位，严格执行落实

鉴于私教服务纠纷发生的原因，防治的措施应从避免起因入手，私人教练员和会员要建立和谐的私教服务关系。私教纠纷是私人教练和会员双方都不愿意发生的，但又是不可避免的，要明确双方的关系是一种法律关系，双方都应

遵循各自的法定权利和义务，尤其是私人教练除自觉遵照法律规定外也要遵从各项规章制度和操作规程，杜绝私教事故、差错和不必要的私教冲突的发生、发展。

（二）礼貌待客，建立好感

一般来说，私人教练给会员留下的第一印象好时，会员即使对服务有不满，也会心平气和，就事论事地要求处理；反之，则会带着反感提出处理要求。因此，一个礼貌待客，受会员信任和欢迎的私人教练员，即使碰到问题，一般也不会形成纠纷，在良好的服务态度下，纠纷就比较容易避免或化解了。

（三）表述清楚，交代明白

私人教练员在介绍项目时要表述清楚，不可夸大健身效果，如果会员抱有很高的期望值，一旦达不到效果或是暂时出现反应，就会感到受了欺骗。因此，要在介绍项目时将过程以及可能出现的问题、处理方法尽量解释清楚，以防会员误解。

（四）细心观察，及时调整

每一次会员做健身之前，都要认真地观察会员的身体反应，发现问题，及时向会员解释原因，并做出必要的处理。

（五）做好跟踪服务

随时与会员保持联系，及时发现消除易与会员发生纠纷的隐患。在健身服务中发生问题并不奇怪，会员需要的是有人能及时帮助他们解决问题，只要跟踪服务做得好，会员的不满就会得到化解。

第三节　私人教练必备的市场营销技能

一、市场营销基础指导

许多私人教练错误地将市场营销定义为只是为产品或服务做广告。尽管广告是市场营销的一个要素，但它绝不是唯一或最重要的部分。《韦氏词典》将市场营销定义为“推广、销售以及传播产品或服务的过程或者技巧”。即便这个定义非常简单，但是它首先阐明了市场营销是如何涵盖以上多个元素的，其内涵超越了创作标牌和其他形式的广告。

市场营销是通过向潜在客户传达产品或服务（如私人训练）的特点和优势来推广产品和服务的过程。有效的市场营销需要确认客户的需求，开发适当的产品和服务来满足这些需求，并且以符合成本效益的方式推广服务和解决方案。市场营销的最终目标是深入了解客户的愿望和需求，使销售变得不再重要，因为产品或服务本身对顾客就是一种吸引。

无论是在商业机构中工作，还是作为企业主，私人教练都必须制订全面的市场营销计划，以达到业务的完整性。这需要细致地了解潜在客户的愿望、需求、所属群体特征以及社会经济状况。例如，如果私人教练所在的健康俱乐部的主要客户是需要上班的家长和年轻人，那么私人教练就应该根据客户的个人目标以及工作或学校的时间表提供健身服务，如晨练班和晚练班。相反，如果私人教练的主要客户群体是留在家里的家长和退休人员，那么私人教练就可以在俱乐部通常比较空闲的午后时间为他们提供服务，而这也会为俱乐部增加收益。

（一）4P 营销理论

为了制订成功的营销计划，健身专业人员必须理解营销组合，也就是所谓的“市场营销的 4 个 P”。营销组合是指私人教练可以控制的活动，通过这些活动在目标市场获得他们想要的反响。市场营销的 4 个“P”代表的意义如下。

产品（Product）：为客户提供的具体产品或服务。

价格（Price）：产品或服务收取的费用，包括批量折扣、季节性定价以及捆绑套餐。

地点（Place）：将产品或服务传播给客户的渠道。

宣传（Promotion）：传达有关产品或服务的信息，旨在产生积极的客户响应。一些市场营销的传播策略包括广告、促销、社交媒体和公共关系。

1. 产品

与任何其他业务一样，确定交付给客户的具体产品是很重要的。私人教练提供的大多数服务是按小时或课时出售的，这导致一些人认为被出售的是教练与客户一起的时间。而另一些人可能认为产品是客户通过与教练的合作所接受的教育。这种类型的教育包括如何正确使用器械、如何正确饮食或者如何减重。还有一些人可能会大胆地说，客户训练的动机是买入的产品。

健身专业人员可以提供前面提到的所有服务，然而，最终交付给客户的产品是他们正在努力想实现的结果。如果客户想减重，他可以选择接受私人训练，以便“有去健身房的动机”或者“学习如何正确运动”；但是，这些途径导致的最终结果都是减重。私人教练一定要始终记住，其职责在于结果而非途径。

记住这一点将使私人教练永远不会忘记这个职位的目的和需求。当健身专业人员认为他们提供的服务是途径而非结果时，其工作效率就会下降，并且业务也会失去影响力。

拥有自己的专长或者利基是帮助私人教练脱颖而出并在竞争市场上提供特色产品的极好方法。获得更多资格证书、高级的专业知识或更高的教育学位让健身专业人员可以向特定客户群提供服务。例如，健身专业人员可以选择成为体重管理、纠正性训练、运动专项的体能训练，甚至是与特定性别或年龄组合作的专家。以某个拥有众多潜在客户并且很少有其他教练涉足的特定类别为目标，这就让健身专业人员可以主宰其特定的利基市场，并大幅提高其收入潜力。

2. 价格

私人训练的薪资水平在全国各地有很大的差异，具体取决于许多因素，包括客户的社会经济地位、所提供训练的类型（训练营、小组训练、私人训练）、批量折扣及健身专业人员的教育和经验水平。此外，在人口稠密和富裕的地区的私人训练收费通常比乡村地区更贵。在决定价格标准之前，健身专业人员应研究其所在地区潜在客户的人口和社会经济状况。研究竞争对手的价格也同等重要。基于这些信息，健身专业人员可以为其服务寻找合适的价位。切记，没有“完美价格”这样的东西。不可避免的是，有一小部分客户将无法承受私人教练的服务价格。

3. 地点

地点是指产品或服务在何地以何种方式被分销和出售。对于私人训练，大多数人会想到健身房或健身俱乐部。但是，这个行业呈现出一种新的趋势，让私人教练可以通过多种分销渠道提供其服务。其渠道示列如下。

①网络指导或电话指导。

②青少年运动小组及课外计划。

③在当地公园、学校或海滩举办的训练营。

④企业健康计划。

⑤运动训练中心。

⑥老年人中心。

4. 宣传

宣传私人训练服务包括将重要的信息传达给潜在客户，从而产生积极的客户响应。一些市场营销传播策略包括传统的广告（如印刷广告、海报和小册子）、促销、赞助以及社区服务。此外，基于网络的传播（如专业网站）、在线广告（横幅广告）和社交媒体（如微信、快手、抖音）都是非常有用和有吸引力的媒介，私人教练可以通过它们宣传自己的服务。线上市场营销会是一个帮助私人教练使其投资回报最大化的成功广告形式。另外，社交媒体的独特功能使得私人教练能够做广告并与潜在客户进行实时互动。

宣传可以分为两个独立的实体：推或拉。广告通过引起顾客对服务的关注将客户“拉”向健身专业人员。季节性折扣或批量折扣等激励措施通过鼓励潜在客户大量购买，“推”动私人教练的服务。

（二）营销方式

1. 传统营销

传统上对潜在买家的片面宣传或推销也称为“对外营销”。在单向联系时代，这种方法提供了让最多人了解产品的最佳方法。

（1）电视、广播、杂志和报纸广告

创意会吸引人们的注意，对他们给予教育、娱乐或启发，使他们更可能将正面的感觉与有关品牌联系起来。因此，它更可能影响消费者是否选择该品牌。消费者会听广播，看电视，阅读杂志和报纸，因此这些媒体可能很有价值。

如果健身中心要投放广播电视广告，可通过以下方式获得最高的投资回报率。

①尽可能选择最短的时长。例如，一些频道允许投放短至15秒的广告。

②选择地方电视台联盟或地方有线频道。它们不仅更贴近健身中心的位置，而且更便宜。

③由于使用的是视觉媒体，因此应通过展示能引发情绪反应的场景来使其潜在效果最大化。例如，父母和祖父母与子女和孙子女一起运动的快乐场景。

④表明如何找到健身中心。由于人们不会记住来自简短电视广告的所有联系信息，因此请选择一条最容易让人们找到健身中心的联系信息。它可能是健身中心的电话号码、网站地址或实际地址。

⑤与电视台的广告部讨论哪个时段最适合呈现给目标人群。

⑥由于广播的地理覆盖范围多种多样，广播广告的定价也各不相同。要降低成本，可选择地理覆盖范围最小但仍包含目标市场区域的广播电台。

⑦广播广告需要重复播放。因此，需要投入一定的资金之后才会开始看到有价值的结果。

⑧因为广播是一种听觉媒体，人们在收听的同时常常会做其他事情。因此，健身中心的信息应该简短、动听且容易吸引注意。要吸引听众的注意，不仅需要清晰的脚本，还需要音乐和声音效果。

⑨与电视广告一样，应与电台的广告部人员联系，确定哪个时段最适合呈现给目标人群。

⑩同样与电视广告一样，与广告部人员讨论广告格式和其他准则。虽然广播广告的制作费用通常比电视广告便宜（只有音频，而不是音视频），但仍需要计划制作成本。

（2）付费平面广告

如果决定使用付费平面广告，必须设计出能唤起读者情绪反应的清晰信息。假设想向老年人推广一门团体健身课，那么私人教练希望如何介绍这门课？可以想想给参与者带来的好处。世界上有很多祖父母，他们可能过着截然不同的生活。例如，私人教练可以对比一下使用着助行器、无法陪孙子女玩耍的祖父母与在楼下同孙子女一起玩耍的祖父母。

这则广告的文字可以这样写："您想成为哪种祖父母？"这样可以吸引注意并唤起情绪反应。私人教练还需要发起行动呼吁，引导读者报名或者至少与自己联系。继续看一个例子："想要恢复活力和行动能力？立即致电我们，免费体验活力恢复课程。"然后提供私人教练的姓名（或机构名称）、电话号码、网站地址和街道地址。但这需要确保选择的媒体渠道适合私人教练提供的服务。

2. 当面营销

很长时间以来，城市里唯一的销售渠道是当面销售，无论是市场卖家、旅行小商家还是上门推销员。鉴于这种历史背景，当面营销似乎应与传统营销相结合。然而，与这种四处传播消息、希望有人购买的广撒网式广告风格相比，当面营销有很大不同。事实上，当面营销是建立关系的最简单且最好的方式，可以帮助潜在的会员或客户了解、喜欢并信任私人教练。与其他营销方法相比，当面会谈可以让私人教练了解更多信息。当面营销可以让各方接受彼此的话语、语调、面部表情和肢体语言，所有这些都可以在私人教练与潜在的会员或客户之间建立更快、更深入的双向理解。这些附加信息可以明确表明与私人教练相处是否融洽。

鉴于当面营销能够建立关系，私人教练需要主动去创造面对面交流的机会。这就是联络！当然，联络也可以在网上进行，但讨论的重点是应该在何时何地有目的地建立当面联系。"何时"很简单，只要私人教练遇到新朋友或更好地了解了熟人，就应该了解他们对自身所从事事业的兴趣程度。这并不是说私人教练应该机械地向他们推销，而是抓住机会回答他们在健康和健身方面遇到的问题，在此期间更好地了解他们。人们一般会从他们认识、喜欢和信任的人那里购买产品。

为此，要意识到，即使在当地的健身房担任私人教练，联络也是工作的一部分。当私人教练进行联络时，人们会不可避免地问是做什么的。这个问题是关系建立过程的开端，然后就可能带来机会。也可以找到参与或服务于目标市场的组织（如团体和运动爱好者俱乐部）来进行联络。了解如何参与其中，参加聚会，了解组织成员并帮助他们完成活动。在与人交谈时，应始终将话题引回到他身上。

要获得向一个人推销的许可，首先需要花时间了解这个人并给予一定的恩惠。例如，许多组织会举办筹款活动，为这样的活动捐赠奖品将具有双赢效果。私人教练和该组织在做同一件事来帮助这一群体；作为交换，私人教练通过让别人了解自身的工作而获得了曝光。

另一个想法是自己举办活动。例如，举办了一次可以免费参与的网上减肥挑战赛。为了获得要在活动中赠送的奖品，私人教练去找当地企业捐赠，这会形成一种三赢的局面。参与者在整个挑战过程中获得了免费的健身和减肥信息，捐赠奖品的企业得到了宣传，主持挑战赛的健身中心也得到了宣传。

当面联络也有缺点，那就是它不能扩大规模或适用于更多的受众。以这种方式与很多人会面是非常耗时的，而一天的时间是有限的。如果私人教练想要获得更多受众，必须增加其他营销方法。

3. 互联网营销

（1）建立私人教练的社交圈

当私人教练寻求到达社交圈的更深层时，不能总是依靠直接人际关系来传播信息，而要将他们的网络引入自身的网络中。每当非直接社交人群喜欢私人教练发布的内容或通过评论与之互动时，就可以邀请该人直接联系。建立直接人际关系可扩展私人教练的潜在影响范围，并容易与更多人建立关系。

私人教练还可以通过社交媒体上的联系来加强面对面关系。当遇到某人时，立即在抖音、快手、微信上找到这个人并要求建立联系，以便能记住这个人，也可以在线交流并建立密切关系和信任。很多私人教练最终都会建立自己的社交圈。

（2）电子邮件营销

人们通常不会将电子邮件营销视为社交媒体活动，但它仍然提供了另一种通过互联网与人们联系的方式。事实上，即使人们的收件箱中装满了垃圾邮件，电子邮件仍然是非常有效的客户获取方式。其关键在于获得潜在客户通过电子邮件联系的许可。首先需要获取该人员的电子邮箱地址。为此，私人教练可以亲自向其索要，以便发送其感兴趣的内容。也可以在私人教练的网站、博客、社交媒体页面或任何其他可通过电子邮箱地址交换有价物的地方，通过“给予获取”方式获得。最简单且最好的东西是智力财产，无论是私人教练自己的信息还是其汇编的信息都属于该范畴。这些信息可以采取多种形式，下面给出一些例子。

①订阅有关健康和健身的电子邮件简报。

②关于特定问题及其解决方案的白皮书（深入报告），但不是对健身中心的产品或服务的销售宣传或广告。

③关于某个会吸引目标市场注意的主题的十强列表。例如，十大减肥秘诀或十大核心锻炼方法。

④关于有趣主题的视频或音频文件。

⑤电子书或其他可下载文档。

（3）网站

使用简单软件来设计网站。当然，现在的成功网站需要定期更新，并具有以下特点。

①简洁、干净、有吸引力的设计，包含链接到网站其他部分的常识菜单。

②轻松导航功能，不需要超过两次单击即可获得访问者想要的信息。

③显示或描述私人教练的服务和产品的视频短片和相关摘要。

④来自满意客户的推荐（特别是视频推荐）。

⑤赠品链接，用于采集电子邮箱地址来换取有价值的物品。

⑥在线购买会员、课程，在线个人培训和服装等产品的功能。

⑦课程和个人培训的在线自助安排工具。

⑧社交媒体网站的链接。

⑨博客（最好集成到网站中，否则可通过容易找到的链接访问）功能。

二、潜在客户营销技巧

健身客户可能出于多种原因去寻求私人教练的服务，包括希望让自己的外表更好看些、提高运动表现或者强身健体，以及提高在日常生活中的身体能力。无论客户出于何种原因去找私人教练，最终的动机都是想提高自己的生活质量。

先进的技术并不等同于更加健康，尽管这是一个被广泛认同的假设。如果说技术与健康有任何关系的话，因为先进的技术取代了日常运动的很多方面，实际上它对健康造成了更大的危害。身体活动的减少直接提高了肥胖、糖尿病、心脏病、肌肉骨骼功能障碍及其他各种慢性病的风险和发病率。很明显，人们对专业化、个性化的身体训练的需求正在增加。私人健身训练可能曾经被认为是奢侈品，但现在它正在成为一种必需品。在不久的将来，健康维护可能在健身行业的成功和发展中起到举足轻重的作用。NASM 认证的私人教练将有资格提供 OPT 系统和工具，为客户带来显著的效果。

在如今的久坐习惯下，几乎所有人都是潜在的客户，很难想象有人不想拥有更好的外表和感觉、更高水平的运动表现，变得更健康、更自信，享受更高的生活质量，减少慢性疼痛。

（一）接近潜在客户

很多时候，没有经验的年轻私人教练，甚至具有丰富经验的私人教练，都没有发挥出自己全部的潜力，因为他们不懂得如何推销自己。他们将销售自己的服务与传统意义上的销售（如卖车、卖音响设备）混淆了，实际上，这并不是真正的销售。与其用一种消极的态度来看待销售，正在学习吸引新客户的私人教练不如把销售看作自我推销。私人教练所做的一切实际上就是向其他人证实他们已经知道的东西，即他们才是“精英中的精英”。

学习自我推销的第一步就是不要害怕接近潜在的新客户，应通过以下做法，大方地提供不妥协的客户服务。

①在训练时或工作时向每一位会员说声“您好”。

②与每一位会员进行眼神交流，微笑并保持风度。

③给会员们递上毛巾或饮水。

④多走动，清洁运动器材，保证运动场地无可挑剔，并保持最高的场地外观标准。

⑤不要躲在健身台、计算机或是杂志后面。

⑥至少要向会员简单介绍一下自己的名字，并询问对方的名字。

⑦让会员知道，在这里就是为了照顾任何的客户需求，以提升俱乐部的体验。

⑧与新会员的第一次互动应该专业、愉快，最重要的是没有胁迫感。

⑨一旦私人教练与一位新会员有了第一次接触，便能更好地提供有价值的帮助。如果会员没有正确进行某个练习，告诉他这个练习的好处。然后，提出可以帮助他“最大限度地提升该练习的效果”。告诉对方刚刚参加过一个研讨会或是读了一本书（一定要是真实的），其中为他所做的练习提供了一种替代

方法。如果该会员说“不用了，谢谢”，就不要再打扰他。而如果他说“好的”，那么就针对该练习提供具体的帮助，并阐明该会员将获得的与其目标直接相关的好处。在整个训练的过程中继续为他提供帮助。

还有一些方法已经证明会让会员立即感到为难。如果潜在客户已对他的练习或者能力形成信念体系或者判断，都非常不愿意接受任何可能挑战其现有观念的方法。私人教练应当避免以下这些开场白。

第一，我可以提个建议吗？

第二，我能推荐您一个更好的练习方法吗？

第三，我能告诉您另一种技巧吗？

第四，让我来向您示范正确的方法。

第五，我能帮您吗？

第六，您做这个练习的目的是什么？

（二）创造价值

私人训练需求的增加并不能保证所有健身专业人员都能成功。因为人们有需求或意愿，并不代表他们就会行动。在客户的眼中，服务的价值必须高于其成本。成本指的是这项服务的价格，以及训练所需要的时间、精力和承诺。而且，很多人都会因为惧怕失败而有所保留。健身专业人员有责任创造并展示其服务的价值。

为了成功地吸引并留住客户，私人教练应该具备以下能力。

①熟练使用 NASM 的综合体能评估（包括主观和客观的信息）以及各种动作观察，从而准确评估每个人的需求和目标。

②有能力设计 OPT 训练计划，并准确填写 OPT 模板。

③向客户说明训练计划的每一项组成部分与其目标和需求的联系。

④能够演示练习，并为类型广泛的客户实施个性化的训练计划。

⑤向客户演示 OPT 系统如何为他们带来的最大的益处。

客户需要信任自己选择的私人教练，相信他能帮助自己实现其个人健康目标。

总而言之，私人教练在接触潜在的新客户时需要积极主动，避免说一些让会员感到不舒服的话。与之相反，可以做下面的这些事情。

第一，巡视健身房，并向每一位会员说声“您好”，为他们递上毛巾和饮水，确保各处都保持整洁和安全。

第二，向会员介绍自己，并询问他们的名字，让他们知道私人教练能帮助他们解决其任何需求。

第三，避免过度教育新客户。

为了获得客户，健身专业人员应使用 OPT 系统，利用它的系统化方法，通过以下几点确保结果。

第一，利用 NASM 的综合健康评估和动作观察，根据具体客户的需求和目标准确评估和设计训练计划。

第二，设计 OPTTM 训练计划，并准确填写 OPT 模板。

第三，向客户解释 OPT 系统如何为其提供最大的益处，以及训练计划的每一项组成部分与个人目标和需求的联系。

第四，向新客户先进行讲解，再做动作示范。

三、销售技巧

高水准的客户服务有可能反过来促进私人训练的销售。销售有很多负面的内涵。许多私人教练不愿意主动提出销售请求，因为他们把销售与遭受拒绝或做一些道德上错误的事情联系在一起。

销量并不是通过操纵他人来完成的。利用 OPT 解决方案和工具，通过健身专业人员的服务能够获得许多与运动表现、健康、自尊和生活质量有关的益处。事实是，如果潜在的客户不购买，他们就不能受益于这些服务。销售是帮助客户取得成果的第一个重要步骤。

（一）提升销售技巧的 10 步

私人教练是否会拥有一份优质的客户名单，取决于他们有没有学会在工作时自我推销。依赖销售顾问对所有的潜在客户进行定位是一种错误的做法，私人教练不应该犯这种错误，因为这是一种依赖于别人的生产力的理念，导致私人教练放弃了每周向客户推销自己的机会。

私人教练可以根据自己的理想年收入目标制订计划，使用下面的 10 个步骤和相应的问题来指导这个计划的设计。

第 1 步：理想的年收入是多少？

年收入目标是指 12 个月内可实现的月收入总额。明确理想的年收入目标后，请继续第 2 步。

例如，根据开销和生活方式，李梅希望作为健身教练每年可以收入 400000 元。

第 2 步：为了实现年收入目标，每周必须有多少收入？

将理想年收入除以 50，算出每周需要的收入（不要除以全年的 52 周，使用 50 周是为了将 2 周时间留给休假、生病等）。

例如，李梅用 400000 元除以 50 周，结果等于 8000 元 / 周。她知道，为了实现她的目标，每周需要达到 8000 元的收入。

第 3 步：为了实现每周的目标，需要上多少课时？

为了达到每周收入目标，每周需要多少客户，或是上多少课时？为了得到这个数字，需将每周目标除以每个课时的收入。

例如，李梅将 8000 元除以每小时 250 元。现在，李梅知道，为了实现她的目标，每周需要上 32 课时。

同时，以当前每周的平均收费课时数除以当前已签约的客户数。

例如，李梅目前每周上 20 课时，拥有 11 名常规客户。进行除法后得到的数字是 1.82。那么，李梅将她 32 课时的目标除以 1.82，计算出她需要至少 18 名客户才能达到她的目标收入。

第 4 步：成交率是多少？

私人教练需要计算出自己的成交率。这个数字是由他在健身房帮助过的客户的总数和购买训练课程的客户数量比较得出的。

例如，李梅检查她的签约日志，确定在过去 30 天内，她共与 60 名会员交谈过。在这 60 名会员中，她成功地与 5 名会员（作为其客户）签约。她用 5 除以 60，得出她的成交率是 8%。

第 5 步：获得新客户的时间范围是多大？

不切实际的时间范围很有可能带来挫折和失望。然而，如果时间范围太大，它就不能创造出业绩最大化所必需的紧迫感。

例如，李梅现在拥有 11 名客户，而她需要至少 18 名客户来实现其目标，即还需要获得至少 7 名客户。她决定要在 3 周内获得 7 名新客户。

第 6 步：总共需要接触多少潜在客户才能在设定的时间范围内获得客户？

将所需要的新客户数量除以成交率。

例如，李梅想要 7 名新客户，她的成交率是 8%。她将 7 除以 8%，结果是 87.5。那么李梅在接下来的 3 周内至少需要与 88 名会员进行高质量的沟通，以实现获得 7 名新客户的目标。

将需要接触的客户总量划分为每周增量，从而更好地管理这个过程。

例如，李梅在 3 周内需要接触至少 88 名会员。她将 88 除以 3，结果为 29.3，由此她并明白她每周需要接触大约 30 名会员。

第 7 步：每天需要接触多少潜在客户？

进一步将每周需要接触的会员数量划分为每天的增量，从而为每个工作日制定精确的目标。

例如，李梅的目标是每周接触30名会员。她每周工作5天。所以，她将30除以5，得出她每天只需要和6名会员交谈，这个数字比她最初的预期更加容易掌控。

第8步：工作日的每个小时需要接触多少位潜在客户？

继续将每天需要接触的会员数量划分为每个小时的增量，从而为在健身房的每个小时制订一个简单且可靠的计划。

例如，现在李梅知道自己每天只需要接触6名会员，她将这个数字除以她每天实际在健身房的时间。她一般在每天8小时的工作时间内有4课时。她还需要半小时吃午饭，通常还有一次半小时的迎新会。这样，她每天还有3小时的空闲时间可用于接触6名会员。李梅在将3除以6以后，她明白，为了实现她的目标，她必须每30分钟与一名会员交谈。

对于这个时间段内的每次接触，为所接触的会员提供可测量的个性化帮助。这些接触即使没有转变为成功的销售，也会增加宝贵的未来潜在客户群。

第9步：向每一名接触的会员询问其联系方式。

NASM认证的私人教练拥有个性化评估、OPT计划设计和练习选择等核心竞争力。这些私人教练自然有能力为与其有联系的任何会员提供个性化和以结果为导向的体验。

如果与某会员建立了融洽的关系，不要害怕向其索取联系方式。提议通过一些练习来帮助他实现所讨论的目标。与该会员联系，并安排时间，在他下次来俱乐部时协助他实施新的练习。

第10步：跟进。

我们应该很清楚，每一个练习都是一项评估。不管会员正在俱乐部进行何种练习，都要根据在一般的动作和姿态观察中的5个动力链检查点，记下所了解到的情况，写下并保存每一名会员的详细记录。在24小时之内，向该会员寄出一张手写的感谢卡，感谢他在俱乐部中一起度过的时光。这样做很优雅和体贴，并让会员记住私人教练。

预计感谢卡会在2至3天后到达，然后在初次接触的一周之后向该会员致电。在电话中，应努力实现以下目标。

①确认该会员已收到了感谢卡。

②以个人名义感谢他的配合。

③让该会员知道私人教练有考虑过他的目标，并愿意回顾一些对其有帮助的练习。

④说清楚这只需要在他下次来俱乐部时占用大约 10 分钟的时间。

⑤确定他下一次来俱乐部的时间。

⑥在他下一次到访时，安排一次非正式的碰面。

当私人教练再次见到这名会员时，需确保做到以下几点。

首先，在俱乐部内帮助他进行几个练习，并向其解释这些练习与他的目标有何联系。

其次，为该会员提供一次更全面的评估、个性化的计划设计以及一节单独的训练课，以使他目前看到的效果最大化。

最后，直接询问该会员是否愿意购买一个阶段的课程。

（二）提出销售请求

大部分销售机会都因为没有向客户提出请求而失去。未能完成销售可以归结为以下 4 个原因中的一个或多个。

①这一单销售没有足够的价值。

②关系不够融洽，让潜在客户犹豫。

③健康或健身专业人员没有坚定地提出销售请求。

④潜在客户确实不具备购买的能力。

前 3 个原因都是直接可控的。很多私人教练都能够提供更高的价值，并且拥有突出的人格魅力，但是他们没有向客户提出销售请求，因为他们害怕被拒绝。

当潜在客户同意接受一项产品、训练计划或私人训练课程时，请按照以下步骤来进行。

第一，完成销售交易。

第二，在 48 小时内安排客户的首次预约。

第三，在 24 小时内向客户寄出感谢卡。

第四，在首次预约之前要打电话确认。

第五，回顾客户的目标，并简要重申他将如何实现这些目标。

第六，恭喜客户，并承认客户迈出了实现其目标的第一步。

如果潜在客户拒绝接受预约或购买服务时，私人教练应该做到以下几点。

第一，继续保持专业性并提供帮助。

第二，感谢这名潜在客户参与课程。

第三，确保获得这名潜在客户的联系方式。

第四，要求在几周后给他打电话询问训练计划的状态。

第五，立刻寄出感谢卡。

第六，在每日工作计划中，安排一次 14 天后的跟进电话。

第七，每 30 天，给这位潜在客户寄出与其目标有关的信息。

第八，确保跟进上述所有任务。

第九，记录接触过程中的每一点。

成功的私人教练要不断与客户保持联系。他们知道，今天说“不”并不代表永远都说“不”。他们意识到，联系就等同于机会，联系得越多，就越有机会帮助他人改变人生。他们知道，当越来越多的人将他们视为“专家”资源时，他们的口碑基础就会越好。

四、营销计划

为了建立业务，私人教练需要获得目标市场的支持，因此，营销计划对私人教练的成功至关重要。为了制订计划，需仔细考虑目标市场，然后有的放矢地把时间、精力和金钱花在那里，以便与该市场建立联系。例如，私人教练可能会决定使用社交媒体、创建网站、邮寄印刷品进行直接营销，拿出报纸广告时间宣布重要事件或新计划，还可能出现在电视上（可能是专门用于突出显示新业务的本地节目）、在高峰时段购买广播广告、赞助或举办社区活动或会议，或使用这些选项的组合。私人教练的一些促销活动可以安排在节日、假期、重要的当地活动或与非营利组织筹款人合作的时候。

五、追加销售：向现有客户销售更多产品

追加销售通常指的是建议升级销售或者追加购买。许多俱乐部试图提高会员资格，如客户每月多付 100 元就能无限制地打壁球，或者客户可以享受毛巾服务、储物柜租赁、每月一次的按摩等。

尽管这是一种常见的做法，但如果私人教练不断地在销售中增加层次，客户可能会觉得自己被忽悠。因此，对追加销售的建议是只追加一两件商品，而且只追加那些能提高个人体验和成功可能性的商品。例如，客户很难早上起床去健身房。如果私人教练愿意，可以建议在计划中添加唤醒服务；或者客户需要承担额外的责任来执行一个饮食计划，也可以建议增加每周一次的营养指导（如果私人教练受过这样的训练）。追加销售这些服务可以帮助客户取得成功，同时也可以为私人教练带来更多的收入。

除了最初的销售点以外，其他服务也可以在其他时间出售。例如，当前的客户或会员可能会发现（或者在与他们一起工作时发现）他们有额外的需求。

即使私人教练可以向潜在客户或会员建议相同的附加服务，但将其出售给已经认识、喜欢并信任私人教练的当前客户或会员可能更简单。

因为这个人已经体验了私人教练的价值，所以他相信私人教练不会提供某些东西，除非它确实有好处。

作为私人教练和导师，所做的大部分事情都受到每天工作时间的限制。私人教练可以采取措施来最大限度地提高时薪，如提供小组训练或团体健身课程等。尽管如此，私人教练只能工作这么多小时，这限制了其建立业务的能力。当然，如果私人教练是一个企业主，他可以雇用其他人来帮助赚更多的钱。无论私人教练是为俱乐部工作或是拥有自己的俱乐部，都可以做的一件事就是提供和出售知识产权。

知识产权是思想的创造，可以包括书面、视觉或听觉工作。一旦创建，此类财产可以作为被动收入的持续来源，因为所有的研究和开发都已完成，唯一的工作是推销和销售产品。下面给出了可以为同事和客户开发的知识产权（以及被动收入可能来源）的一些示例。

（一）书面

①书籍：私人教练可以轻松创建本地印刷的短科普读物或将其作为电子书在线销售。

②文章：这些通常用于建立（证明）私人教练的专业知识，但私人教练也可以将它们变成基于订阅的产品。

③白皮书：与文章一样，这些通常用于建立私人教练的专业知识，但它们也可以作为一种很好的营销工具，因为可以要求那些希望收到它们的人提供其电子邮件地址作为回报（这会增加私人教练的电子邮件营销列表）。

④锻炼日志：这些项目主要包含用于记下日期、练习、组数、次序和锻炼评论的空白页面，但是，私人教练可以添加一些励志名言和个人品牌来创建可销售的产品。

⑤练习图：这些图可能出现在书籍、文章或锻炼日志中，但它们也可用于其他项目，如信息锻炼图表和锻炼卡。

（二）视觉

①录制的讲座：私人教练直播的任何内容都应记录下来并考虑用作被动收入来源。

②练习或教育录音：DVD 很容易创建，可以根据需要在私人教练的健身中心销售或在线销售。

③在线课程：现在，所需的技术可以通过 Keep、Fit 健身等移动健身 APP 上传相关在线健身课程。

④视频播客：私人教练可以制作基于订阅的、任何长度的片段式的演讲，主题广泛，它们大多是免费的，但也可以收费。

（三）听觉

①录音演讲：和视觉分类一样，私人教练做的任何演讲都应该被录音，私人教练可以把音频作为单独的产品出售。

②播客：与录音演讲一样，私人教练可以提供视频播客的音频版本。

③锻炼动力或指导：音乐中叠加有教练指导听众进行热身、加大强度、冲刺、后退等方面的指导，但要注意适用于音乐的版权法。

产生了知识产权后，私人教练需要保护它，这样其他人就不能声称它是他们自己的。根据《中华人民共和国知识产权法》通常赋予版权所有者独家复制、分发、执行或公开展示作品或授权他人这样做的权利。作品一经创作，版权即自动获得保护；换句话说，不需要正式的版权申请。尽管不再需要（以任何形式）发布作品的版权，但这样做提供了另一层保护，让私人教练能够证明作品是自己的。出版仅仅意味着通过出售、租赁或贷款的方式分发作品的副本。

第四章　私人教练职业发展

本章主要对私人教练职业发展进行了深入论述，为了论述得较为透彻，主要从私人教练的职业规范、私人教练职业当前的困境与瓶颈、私人教练的职业生涯规划三个方面展开。

第一节　私人教练的职业规范

一、职业服务中的礼仪

（一）仪容仪表

①工作时间穿戴统一的工作服，且左胸前佩戴服务标志。

②工作服要整洁，扣齐纽扣，鞋袜整齐，皮鞋或运动鞋要保持清洁和光亮。

③头发要整洁、梳理整齐，不得有头皮屑。

④发型要讲究：女子前发不遮眼，后发不过肩，不准梳奇形怪状发式；男子不留长发、大鬓角和胡须。

⑤双手保持清洁，指甲内不得留有污物，夏季手臂保持清洁。

⑥不得看见眼屎、耳垢等。

⑦女子不要化浓妆，不使用香水，不戴耳环、戒指；不留长指甲和涂指甲油；不能当众化妆。男子不戴戒指，不能当众吸烟。

⑧工作期间不穿短裤、背心和不赤脚、不穿拖鞋；不戴有色眼镜。

（二）举止要求

1. 站立要求

①挺胸抬头。

②双手自然下垂。

③双脚并拢，脚尖打开呈 30° 角。

④庄重有礼，落落大方。

（注：切勿背靠他物、趴在服务台和健身器材及设备上。）

2. 行走要求

行走时，身体的重心应稍向前倾，收腹、挺胸、抬头，眼睛平视前方，面带微笑，肩部放松，身体正直，两臂自然地前后摆动。多人一起行走时，不要横成一排，也不要有意无意地排成队形。此外，在健身房内行走，一般靠右侧。与客户同行时，要让客户走在前面；遇通道比较狭窄，有客户从对面过来时，服务人员应主动停下来靠在边上，让客户先通过，但切不可把背对着客户。与客户同行时，不能突然抢道穿行；在允许的情况下给客户一定的示意后方能越行。

3. 目光要求

注视对方的时间应占谈话时间的三分之一，否则易让人产生不信任的感受。在注视对方时，注视的位置要适当。一般社交场合应注视对方双眼与嘴之间的三角区，谈公事或讲课时注视眼部。总之，健身私人教练应恰当运用语言和目光表达对会员的热情关注。

4. 行为要求

在客户面前始终保持文明礼让行为，如不要吃东西、饮酒、吸烟、掏鼻孔、搔痒，不要脱鞋、缩裤角、撸衣袖、伸懒腰、哼小调、打哈欠。当在公共场所路遇熟悉的客户时要主动打招呼，在走廊、过道、电梯或活动场所与客户相遇时，应主动礼让。与此同时，健身私人教练作为一面“镜子”，切勿在公共场所随地吐痰，乱扔果皮、纸屑。

（三）卫生要求

要做到勤洗手、勤洗澡、勤理发、勤剪指甲、勤换衣物，给客户带来一种干净舒适的感觉。此外，在工作期间，健身私人教练应当经常刷牙，保持口腔清洁，上岗前 2 小时内不吃有异味的食物，保持说话口无异味。

（四）保持适当的距离

在健身房服务活动中保持适当的距离同样具有十分重要的意义与作用。一般而言，在健身房服务交际中，人际交往距离过大易使客户产生被疏离、疏远之感，过小则又会使其感到压抑、压迫、局促、不适或被冒犯等。不失礼貌的健身房服务距离通常有以下五种。

1. 引导距离

担任引导人员的会籍顾问、教练或其他工作人员应处于客户的左前方 1.5 米左右，当然，若有不可回避的物体阻碍时也可变通所处距离与位置。

2. 展示距离

展示距离的长短视所演示项目与内容的特点和要求可在 1 ～ 3 米，特别情况除外。

3. 待命距离

适当的待命距离一般在 3 米以外，但必须是客户视线所及的地方。

4. 服务距离

服务距离的大小宜视具体情况而定，有时需要肢体的短暂接触或贴身保护与帮助，有时需要动作的全程接触式导引，但多数情况下应以 0.5 ～ 1.5 米为宜。

5. 信任距离

服务距离的远近可依据客户的年龄、性别、人格模式、所处场景、特殊服务请求和具体情况等做出适当调整，但其基本原则是必须保证将人性化服务与规范化服务的分寸把握在符合实际需要与服务礼仪的前提之下。

（五）零度干扰

零度干扰理论是现代健身房服务礼仪的核心理论。相关调查结论证明，一个社会的文明程度越高，其社会成员对服务领域的干扰现象越是难以容忍，一个客户的文化程度越高，其在享受服务的整个过程中越是不希望受到任何形式的干扰。零度干扰理论的内核就是要使客户在接受服务的过程中所受到的干扰越少越好。实现零度干扰须注意三个方面：一是创造无干扰环境，这与健身场所的硬件管理与噪声控制等有关；二是保持适度距离，即距离有度；三是热情服务无干扰，把握好具体服务操作中的分寸，既表现得热情、周到、体贴、友善、严格、负责，同时又能够善解人意，为会员提供一定的自由度，不使其受到无意的骚扰、打搅、纠缠或影响等，也即热情有度。但必要而及时地干预客户的危险、错误和不当的运动或其他行为不在“零度干扰”的禁止范围内，实际上，对于客户运动行为及其成果健康而正确地发展与形成，这种适当的干预更属于高层次的“零度干扰”。

二、沟通技巧

（一）沟通的基本技巧

1. 认同对方

不论是在回答问题还是在解决问题时，先认同对方，站在对方的角度感同身受，最起码会让矛盾化解一半。解决问题最忌讳的就是否定别人，否定就意味着争辩，争辩就会制造更大的矛盾，让问题恶化。任何时候出现服务或技术上的问题，健身私人教练都首先站在对方的角度思考问题。只要掌握了这个基本原则，和客户沟通就会变得高效，也会大大减少不必要的麻烦。

2. 赞美对方

赞美对方绝对不是信口雌黄，更不是无中生有。这里所说的赞美，是在认同的基础上进行赞美，如客户的服装、妆容。如遇到男性客户，应该更多夸赞其身体又结实了、又长肌肉了；遇到女性客户，要经常说对方身材又好了，着装更精致了。注意：并不是简单地夸奖，而是夸奖对方的特别之处，或是别人看不到的细节。

3. 表达自己的观点

自己的观点是要表达的，但顺序要稍微靠后，一定是在认同对方、等对方把话说完后再阐述自己的看法。在很多时候，如果先表达自己的观点，很可能会和对方产生分歧，造成一些不必要的麻烦。

4. 不能轻易否定客户

否定客户是健身私人教练的大忌，健身私人教练和客户应该是共赢的关系，一旦否定了客户，客户就会对健身私人教练产生抵触心理。好的健身私人教练不应该遭到会员的排斥，而应该越来越受客户喜欢，所以类似“不是这样的”“我觉得您这样说不对”等回答，不应该从教练口中脱口而出。

5. 了解个性风格

了解个性风格可以帮助健身私人教练更有效地与他人沟通。首先，如果健身私人教练了解自己的风格，那么健身私人教练就能识别出自身看待他人的过滤器。例如，“如果我能做到，为什么其他人不能？”当然，答案是，每个人都是不一样的。在理想的情况下，自我意识让自身能够退后一步，看到真实的自己和他人。其次，当理解了别人的性格特点，是什么构成了他们的人格类型之后，健身私人教练就能以对他最有意义的方式去与之沟通。这样就消除了彼此之间的偏见或障碍（真实的或感知到的）。这些方法适用于与客户、同事和员工一起工作时。

（二）沟通方式

如果健身私人教练了解自己在处理各种情况时的自然倾向（以及其他人可能会如何反应），那么健身私人教练就能以最易被他人接受的方式来展示自身的观点、提供信息、介绍产品或计划。

马斯顿（Marston）在他的《正常人的情绪》一书中为DISC理论奠定了基础。马斯顿对心理学似乎没有能力描述“正常”的行为感到失望（也许是因为缺乏兴趣）。因此，他致力于定义人们的个人力量如何影响其个性和行为。马斯顿设计了一种可测量四项重要性向因子的行为监测方法。这四项因子为支配（Dominance）、影响（Influence）、稳健（Steadiness）与服从（Compliance），该方法的名称由这四项因子的英文名称首字母组合而成。

1. 支配

支配（D）是外向和任务导向型个性。这一类的人喜欢掌控局面，带头冲锋，完成任务。他们喜欢挑战，需要有控制感。因为他们性格开朗、自信，专注于手头的工作，所以他们经常担当领导角色。但是，他们会给自己惹上麻烦，因为他们往往不关心别人的感受。因此，他们可能会尖刻、直率和冷漠。为了弥补这种个性的不足，需做以下事情。

①让他们负责项目。

②允许他们自主工作（只要有可能）。

③保持讨论简短且切中要点。

④用一种选择的方式表明需要什么。

⑤帮助他们在表现出耐心、敏感和愿意倾听及与他人合作方面表现得更好。

2. 影响

影响（I）是外向和人际导向型个性。这一类的人喜欢与人相处，喜欢引人注目。他们很有魅力，善于社交，真诚地关心他人。他们也希望别人对他们评价很高。事实上，他们是自我驱动的。如果他们认为别的工作比较好，他们可能会冲动，对某事产生兴趣。尽管爱冒险，但他们也害怕被嘲笑或被忽视。为了弥补这种个性的不足，需做以下事情。

①让他们有机会通过做演讲或在活动中领导小组而成为公众的焦点。

②公开赞扬他们把事情做得很好。

③允许他们挽回面子，不要当众批评他们。

④帮助他们养成注意力集中和坚持项目的能力。

3. 稳健

稳健（S）是内向和人际导向型个性。属于这一类的人是养育者和看护者。他们不喜欢聚光灯，也不喜欢改变。他们喜欢例行公事。他们仇恨冲突，渴望合作。这种组合可能会有问题，因为它们很容易被忽略和利用。通过避免冲突和寻求取悦他人的方式，也可以让他们充当促成者。这种人需要有安全感，知道我们在他们身边。为了从他们那里得到我们需要的东西，需做以下事情。

①欣赏他们，他们就会给予忠诚。

②给他们提供支持他人的角色。

③帮助他们变得更加自信，能够提升自己。

④帮助他们度过大的变故。

⑤教他们如何更好地面对他人。

4. 服从

服从（C）是内向和任务导向型个性。属于这一类的人重视质量和准确性。他们注重细节，喜欢把事情做好。此外，他们喜欢保持正确，并且愿意做研究来保证正确性；他们也可能是完美主义者。他们往往非常有条理性（超过其他 3 种个性），会投入时间来看到一个项目做得很好。他们看重个人成长，但其可能是消极的、爱挑剔的、不合群的。要与这种个性的人合作并获得所需的东西，需做以下事情。

①给他们学习和成长的机会。

②允许他们自己工作。

③帮助他们倾听和与他人互动。

④关注手头任务的事实和细节。

当我们分析不同的人格类型时，我们必须认识到没有人严格地落在给定的 DISC 象限之内：我们都是混合个性；一个象限可能代表我们的主导个性，但其他象限也会起作用。

（三）有效沟通的方式

能否进行有效的沟通往往决定了私人教练与客户之间建立关系的成败。私人教练一定要了解语言沟通和非语言沟通对其成败的影响。此外，有效沟通技巧是一种后天习得的行为。不论是通过电话还是面对面交流，与客户建立关系始于初次对话。无论采取何种沟通模式，运用合适的沟通技巧与客户建立积极的关系非常重要。

下面列举了一些技巧，以帮助提高与客户的沟通。

第一，向客户解释重要的策略、步骤以及期望，让客户明白预期要完成的目标。

第二，要敏锐察觉客户的感受，并与他们有情感上的交流（表达出同理心）。

第三，根据自己的性格和训练风格，持续与客户进行沟通。

第四，采用积极的沟通方法，包括鼓励、支持和正向强化。

第五，以问候和微笑迎接客户。

1. 非语言沟通和语言沟通

在非语言沟通中，一个人的所感所想都体现在其肢体语言中。大部分非语言沟通都表现在面部表情中，如嘴唇的小动作或者眼神的变化。其他形式的非语言沟通包括外表、态度、手势和身体姿势等。人类天生可以察觉到别人细微的非语言变化。在很多时候，非语言沟通的问题是如何解读，但通常积极的非语言沟通会产生积极的影响，而消极的非语言沟通会产生消极的影响。非语言沟通的消极作用一般会导致客户不再来。

语言信息必须清晰，才能被正确接收和解释。为此，需要在正确的时间、正确的地点传递信息。不仅如此，听者需要澄清自己从说者那里听到的内容，而说者需要表示同意或向听者重新澄清。

如图 4-1-1 所示，它阐明了说者与听者之间的简明的 4 步沟通模型。仔细研究该模型，很容易就会发现，几乎每一步都有出错的可能。首先，说者实际想表达的意思并不总是很清楚。说者选择的词句可能不完全准确。说者的沟通方式可以根据语气、语调和发音的变化而有所不同。此外，听者实际听到的可能是说者所要表达的全部内容，也可能只有一部分，或者几乎就没有听到。听者与说者对于同一词语的理解也许截然不同。最终的结果可能是双方之间出现误解。

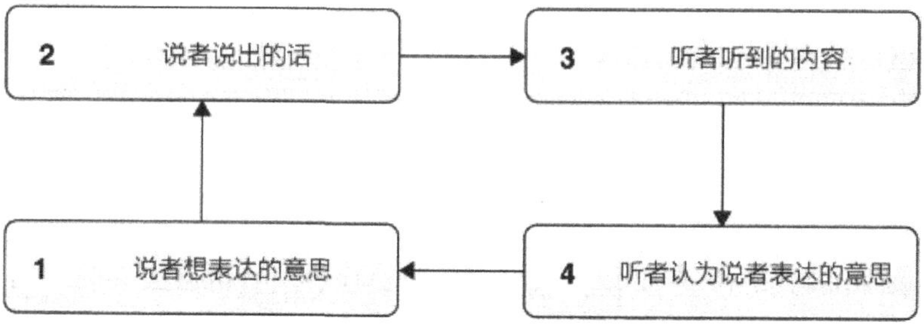

图 4-1-1　语言沟通模型

2. 主动倾听

主动倾听不仅仅是具有良好的沟通技巧。主动倾听的重点是拥有真诚的态度和真正的兴趣去探知客户的观点并深入了解客户。主动倾听要求全神贯注，避免分心，直视说者的眼睛，并且只有在说者说完之后才提供反馈。

在沟通中的主动倾听并不是为了要去说服客户去做某些事情，也不是为了推销锻炼计划或提供正确的信息。主动倾听意味着私人教练对客户的一种尊重和发自内心的关爱，也意味着私人教练希望与客户建立伙伴关系或合作关系。私人教练的目标并不是沟通信息，而应该是与其客户建立关系。这需要对每个客户的观点都保持尊重的态度，并且要真正有兴趣了解对方。可以说，沟通双方对运动的理解远比提供正确的信息更为重要。

幸运的是，一些相当简单的沟通策略就可以在建立新关系的过程中，有效地帮助客户感受到支持、理解和愉悦。同样这些简单的沟通策略还可以最大限度地减少可能导致与客户关系变得尴尬的分歧。通过尽可能提供支持和减少分歧，私人教练就能够与客户建立联系，并且这种联系正是导致客户坚持锻炼计划的原因。

与客户保持积极的关系让私人教练有机会全力支持其客户坚持锻炼。生活方式的改变极少是突然发生并且没有经过挣扎的。生活方式的逐渐改变通常伴随着一种模式的倒退，停滞，再重新开始。但是，与客户建立协作关系无疑能够并且将会在此过程中提供支持。

3. 提问

封闭式（指导性）问题可以用一个词回答。虽然封闭式问题很重要（如“您叫什么名字”），但开放式（非指导性）问题却能够让客户提供更多的信息。开放式问题不能用一个数字、一个地点，或者“是”或“否”来回答。客户需要详细阐述。开放式问题对于与客户的协作关系的建立非常重要，因为这些问题会引发讨论。开放式问题要求客户表达自己的恐惧、阻碍、挫折以及成功。提出开放式的问题比想象中更困难。在多数日常对话中，我们并不会用到它们。

4. 反映

反映是表达所听到内容的意义的会话技巧。虽然在对话中很少用到反映，但这种技巧既微妙又有力。反映表达出关心，并就自己的理解进行沟通。反映不仅是确保准确理解客户话语的机会，同时也让客户有机会去准确表达自己的所想所感。反映是十分有力的技巧，因为它是主动倾听的标志。重复客户说的每一个字，或者回顾已介绍过的信息似乎有点多余，但事实并非如此。随着反映变得更加流畅，客户自然而然地将更多信息添加到所反映的内容中。如果足够熟练，教练和客户之间的对话将会滔滔不绝，所有的信息都将来自客户。

5. 总结

总结是一系列的反映。如果教练在与客户进行反映方面做得很好，那么总结应该非常简单。总结将谈话的所有重点汇总在一起，并再次让客户澄清他们说过的话或者某人对他们说过的话的解读。总结表现出在整个对话过程中更深入的倾听。

6. 认同

认同是对客户及其优势的认可。私人教练必须仔细聆听才知道可以认同的内容。当对客户表示认同的时候，教练必须真诚地对客户个人重视的某些方面表示肯定。例如，对客户的运动服装、运动鞋或者心率监测仪的认可看起来无可厚非，但一般来说，人们在获得对其想法、计划或者技能方面的正面评价时会感觉到更加有力的支持。那么认同与赞美之间有何区别呢？赞美通常含有隐含的评估判断。赞美通常是以“我”开头的句子。将“我”改成“您”，将认同从外部优势重新定位到客户的内在特点上。认同传达给客户的是对其人格的一种赞许。

7. 征求许可

私人教练通常知道什么信息对于客户来说是重要和有帮助的，但同样重要的是，要认识到他们分享的信息并不总是正确的。我们要时刻牢记，客户支付了费用让私人教练与其分享信息。但是，在与客户分享信息之前，要征求共享该信息的许可，这是很重要的。向客户征求提供建议的许可，这种做法会让私人教练作为权威人物的形象变得不那么强硬，有利于加强决策过程中双方的合作伙伴关系。

在与客户沟通新信息时，要记住一些基本的要领，具体如下。

①强迫客户接收信息很可能会引起客户的抵触情绪。

②有时教练可能会获得他们认为有利于客户成功的信息；然而，征求许可是很重要的，特别是在客户没有咨询这些信息的情况下。

③通过与其他客户合作的例子提供信息。

④允许客户不同意或忽略这些意见。

⑤提供多种选择。

总之，私人教练工作的有效性取决于他们与所有类型的人（包括客户以及同事）之间的沟通能力。私人教练因提供良好的建议而获得薪酬。从某种程度上讲，私人教练提出越多建议，似乎就意味着他越专业。但前提是，只有当私人教练愿意倾听并了解客户的需求时，各种好的建议才会奏效。

近年来的研究证明，比建议更重要的是教练如何与客户进行互动和交往。互动包括与客户建立感情基础，倾听并了解他们的需求以及他们整体的人格。与客户交往涵盖了深化互动必备的技能，包括主动倾听、提问、反映以及认同客户的信念。

（四）倾听的方法

在建立人际关系的过程中没有什么是比真正倾听别人的心声更重要的了。没有这种能力，无论是作为一个专业人士还是作为一个朋友，都无法完全了解如何更好地服务于那个人。在每一天，人们都会发现自己以多种方式在倾听。这些不同的方式可被分为 8 种风格。

①无效。无效倾听指听别人说话，却没有真正理解或记住对方所说的内容，也没有和说话人交流。当被困在一个聚会上与一个朋友的无聊朋友“交谈”时，可能会做这种倾听。当一个话题超过自身的理解，感觉自己像是在听一个人喋喋不休时，也会做这种倾听。

②被动。被动倾听可以被描述为听见而不是倾听。例如，当在做其他事情时，在背景中播放音乐。在谈话中，被动倾听不同于无效倾听，因为被动倾听不关注听的内容。

③选择性。选择性倾听也被称为选择性聆听。当只听到想听的东西时，就是选择性倾听。

④竞争性。竞争性倾听发生在某人听够了就开始自己说话的时候。换句话说，这是一种身份挑战，在这种挑战中，人们试图让自己显得更重要。不管取得了怎样的成就，如果他们的某件事做得更好，他们将趁机插话来进行讲述。甚至听到私人教练（注意不是好的）这样给客户说：“完成 5 千米赛跑确实不错，但去年我跑马拉松时……”

⑤好斗。虽然好斗倾听在试图让别人倾听自己更好的方面，类似于竞争性倾听，但好斗倾听是通过攻击他人的思想或能力来贬低他人的。如果发现自己在和一群没有接受过所有想法都是有效的概念的人进行头脑风暴，那么可能会听到有人提出了一个能引来反驳的想法，如“这永远行不通！”或者“那是个愚蠢的想法！”也许这个想法实际上永远不会奏效，但这么说是为了表明自己的优越感。

⑥专注。专注倾听指对理解所说的话感兴趣。但是，与积极倾听不同的是，

这种方式不涉及对说话人有目的的反馈。例如，作为听众的一员，可能会全神贯注地听演讲者演讲。因为这种交流是单向的（我们不与说话人交流），所以接收到的信息和对它的理解仅限于说话人独白的表面价值。

⑦积极。积极倾听发生在真正理解一个人在说什么，并有意识地将这种联系传达给说话者的时候。可以通过重复、询问一些开放式问题（如“怎么做？”或者“您能告诉我……”），或者把说话人说过的话重新解释给他听。这种倾听也包括使用简短的短语来表示认可，如“对”“我明白了”“那一定很困难”。

⑧反馈性。其与主动倾听非常相似，反馈性倾听包括与说话人建立联系，但附加的目标是帮助说话者思考和解决问题或挑战。换句话说，作为一个促进者帮助说话人充实自己的想法和确定可能的解决方案。

显然，在尝试与他人交流时，其中一些倾听风格是完全不合适的。私人教练应该使用的 8 种倾听风格是最后 3 种：专注、积极和反馈性倾听。专注倾听让私人教练从说话人那里学习和理解。换句话说，私人教练更多是为了自己的利益。积极倾听不仅能让私人教练学习和理解，也能让说话人知道私人教练在倾听和理解。这种影响可能是深远的，让某人“感觉到被理解”只是意味着设身处地为别人着想。当私人教练成功的时候，私人教练可以在瞬间改变这一段关系。

但是，反馈性倾听是私人教练真正需要习惯使用的技巧，因为，作为健身专业人士会与那些寻求（或觉得他们需要）改变的人接近。这些人可能是员工、同事、会员或客户。他们需要被倾听、“感觉到被理解”、被引导去寻找他们自己的解决方案。当人们在想出解决方案的过程中发挥作用时，他们更能接受计划并且更有可能坚持下去并取得成功。

有时，私人教练需要的不只是听别人说话，可能也需要那个人来听私人教练说话。多年来，演讲者解释销售系统，其中包括询问消费者会回答“是”的一系列问题。根据这些演讲者的说法，通过这种方式，消费者养成了说“是”的习惯，当私人教练要求他们购买时，他们会继续回答“是”。事实上，这给人的印象是虚伪和控制的。

相比之下，还有采用不同的方法来帮助人们回答“是”的模式。这种模式被称为“说服周期”，是马克·郭士顿提出的。它的灵感来自意图改变的跨理论模型和动机性访谈的概念。说服周期试图让一个人做出以下改变。

第一，从抗拒到倾听。

第二，从倾听到思考。

第三，从思考到乐意。

第四，从乐意到去做。

第五，从做到高兴地做并继续做下去。

由此可以看出马克·郭士顿的“说服周期”模式，并非机械式地让人说“是”，而是让人从“抗拒”，通过倾听、思考的方式逐渐在思想上认可，从而高兴地做并继续做下去。

三、服务规范与标准

现代健身房若想长期保持优质服务，必须要求健身教练严格按标准为会员提供服务，管理人员也要依据服务标准来考核健身教练服务质量的好坏。因此，现代健身房必须根据健身锻炼项目的具体情况，制定出相应的服务标准。

（一）健身教练的服务标准

①熟练掌握健身房工作内容、工作秩序。

②熟悉各种健身器材设备的性能、作用和使用方法。

③能够指导会员使用健身器材设备。

④精神饱满，态度热情，沟通有方，服务周到。

⑤对常客、回头客和健身房的学员或会员能称呼姓名或职衔。

（二）预订的服务标准

①要用规范语言主动、热情接待会员预订。

②会员电话预订，铃响 3 声内接听，如因工作繁忙，请会员稍候。

③准确记录会员姓名、有效证件、使用时间，并复述清楚，取得会员确认。

④对已确认的会员预订，要通知有关服务人员提前做好安排。

（三）接待服务准备工作的标准

①每日营业前整理好健身房、休息区、更衣室、淋浴室与卫生间的清洁卫生。

②将健身器材和设备摆放整齐。

③正式营业前准备好为会员服务的各种用品，整理好个人卫生，准备迎接会员。

（四）接待服务的标准

①会员来到健身房，迎接、问候主动热情。

②准确登记会员姓名、有效证件或健身房会员号码及到达时间。

③及时为会员提供更衣柜号码钥匙、毛巾等用品。

④会员使用健身器材设备时，保证随时提供服务。

⑤耐心、细致解答会员的问题。

⑥对不够熟悉健身器材设备的会员，能够详细讲解器材设备的名称、基本性能、使用效果、使用方法，并为会员提供示范服务，指导和帮助会员进行健身锻炼活动。

⑦会员离开健身房，及时收回器材和用品，告别会员时，主动、热情欢迎再次光临。

（五）安全服务的标准

①健身房必须配急救药箱、氧气袋及急救药品。

②会员有身体不适现象，及时照顾，采取有效措施。

③在健身锻炼过程中会员发生运动损伤，要提供急救药品，照顾周到。

第二节　私人教练职业当前的困境与瓶颈

一、职业枯竭现状

（一）我国健身行业已进入职业枯竭高发期

在我国健身行业从事健身私人教练工作的群体中 30% ～ 40% 的人存在不同程度的职业枯竭问题。而且，职业枯竭与年龄大小并没有太大关系，这表明：在健身私人教练群体中，各个年龄段都有职业枯竭问题。因为不同年龄段的健身私人教练，处于不同的私人教练职业生涯阶段，在每个私人教练职业生涯阶段都有着各自的压力，职业上的持久压力会严重影响健身私人教练身心健康，阻碍健身私人教练专业发展和影响私人教练工作能力正常发挥，使其难以有效履行职责并导致私人教练服务质量降低，还会极大地削弱与会员的关系，对会员健康人格的形成产生不利影响。再加上我国健身行业和私人教练职业不确定因素越来越多，私人教练工作倦怠现象在我国健身行业呈增多趋势。所以，成功的私教职业生涯规划，不能不考虑“高压”带来的职业枯竭问题。

然而，令人遗憾的是：在职业枯竭成为“流行病”的今天，我国健身行业大多数的健身私人教练对它还缺乏必要的了解，也缺乏应对能力和防范措施。

我国研究健身教练职业枯竭的文献相对较少，相建华教授在其著作的《中国健身私人教练员职业生涯设计》一书中提到健身教练行业职业枯竭的问题。其研究表示，健身教练中私人教练是我国健身行业职业枯竭的高发人群，因为从事私人教练职业的人有很多是对职业角色过度认同的人，当教练与工作越匹配、投入工作越多时，越容易产生职业枯竭。越是具有敢冒险、敢迎接挑战、自立性强、追求完美、要求自己不能失败、意志力强等特征类型的私人教练越容易出现职业枯竭情况。

商业健身俱乐部健身教练产生职业枯竭的时间越来越短，有的教练会在参加工作后 8 个月之内就开始产生工作枯竭。工作在一年以上的健身教练想跳槽的概率大于 40%。

相建华教授将健身教练职业枯竭的发展分为蜜月阶段、调试阶段、早期警告阶段、慢性症状阶段、严重症状阶段、危机阶段、耗尽精力阶段。以上阶段的划分是相建华结合私人教练的心理状态而划分的。蜜月阶段是一个精力充沛和令人满意的时期。私人教练会充满热情和激情。私人教练可以长时间工作并耗去大量精力，但私人教练从来没有感到疲惫，只是感到兴奋。私人教练所感到的任何压力都是那种使他保持清醒头脑而不是使私人教练感到厌烦的压力。在此阶段，私人教练需要认清自身的工作性质，及其自身的工作能力，并处理好人际关系。调试阶段是开始透支精力的阶段，私人教练会有一种模糊的失落感，某种热情在消失。在这个阶段，私人教练要对自身进行重新审视，并结合当前的实际情况制定相应的职业规划，从而使自身朝着正确的轨道前行。早期警告阶段预示着私人教练已经逐渐走向职业枯竭，在此阶段私人教练需要认真反思。而慢性症状阶段、严重症状阶段、危机阶段以及耗尽精力阶段，则表示私人教练的职业逐渐走向低谷，最终结束私人教练的职业生涯。

（二）健身私人教练职业枯竭的六大特征

①生理上表现为耗竭感、持续的精力不济，极度疲乏、虚弱，会出现失眠、头痛、背痛、肠胃不适等症状。

②认知上表现为注意力不集中、思维效率降低等。

③情绪上表现为烦躁、易怒、迁怒于他人等。

④自我评价上表现为对自己工作的意义和价值的评价下降。

⑤人际关系上是以一种消极的、否定的、麻木不仁的态度和冷漠的情绪去对待自己周围的人。

⑥行为上表现为对他人总有攻击性和人际关系摩擦增多，极端的枯竭状态会使人出现自伤或自杀状况。这种枯竭感一旦产生，不仅会导致情感衰竭、感情麻木，对他人不信任、充满批判性，甚至还可能自伤或自杀。

二、职业枯竭成因

随着中国体育产业的不断发展，以及全民健身纲要的颁布，商业健身俱乐部正处在非常关键的转型期。所谓转型，是指健身行业的从业人员在急剧向职业化和专业化过渡期间所表现出来的职业混合形态。

健身俱乐部之间竞争压力增大，首先受到影响的就是在整个健身行业前端的健身教练，使他们的精神和健康受到极大挑战和冲击，以至于出现各种职业病痛现象。

近些年，在他们中间也相继出现了无性婚姻、憔悴青年、过劳死等社会现象。转型期问题表现在社会层面，就是社会问题，而表现在从业的健身私人教练群体的身上，说到底就是精神疾患和心理问题。

人体就像“弹簧”，而劳累就是“外力”。当劳累超过极限或持续时间过长时，身体会老化、衰竭、死亡。所以，人们的生活方式要讲究弹性，要学会一张一弛。适当的休息和减压是保持“弹力”的良方。

此外，行政管理滞后也是健身教练出现职业枯竭的诱因之一。在早期，我国健身教练的培训没有专门的管理机构，也没有鉴别部门。为了进一步规范我国健身行业的发展，1992 年成立了中国健美协会，此外国家体育总局人力资源开发中心也加强了对健身行业的监管。在我国健身行业如火如荼开展过程中，涌现出了一批健身私人教练培训机构，如上海体适能健身教练培训基地（AFCC）、赛普健身教练培训基地、星航道等。这些培训机构的出现，使得我国健身私人教练必须持证上岗，目前我国关于健身私人教练的资格证书并未形成统一，门类繁多，如 IDEA 运动营养师认证证书、美国运动医学会（ACSM）认证证书、中国健美协会专业健身教练证书、赛普国际健身与健康专家认证、健身教练职业能力培训证书（初、中、高级）、中国健美协会（CBBA）专业健身教练证书、ACE-CPT 私人教练国际证照等。另外，虽然不同性质证书的影响力也不相同，但是不同培训机构也会颁发自己机构的证书，虽说不是国家颁发，但很多也会被就业单位认可，由此可以看出目前我国健身私人教练资格证书的管理仍然存在不规范的现象。此外，虽然目前我国在持岗上证方面做了规定，然而对于健身私人教练证书审核方面并未做出明确规定，这会造成入门上岗资格容易拿到，但因他们中有些是非体育非健身健美专业的，就造成拿了证但不专业，后续服务客户能力吃紧，再加上他们没有再培训提升，这些都是私人教练离职率高和职业枯竭原因。健身教练的市场“泡沫”相当严重，导致教练缺乏指导意识、教学质量低、服务意识落后等一系列问题出现，严重影响了健身教练职业生涯规划。

三、防范私人教练职业枯竭的具体措施

选择任何一个职业的时候，首先人们对它都是非常感兴趣的，才会选择去做，但是在做的过程当中，可能做得很出众，也可能已经实现了自身的价值，所以就逐渐产生了职业倦怠甚至枯竭职业生涯。那么应当如何调整防范职业枯竭呢？具体措施如下。

第一，可以经常想一想自己当初为什么做私人教练这样一份工作，当初做这份工作的初心是什么。是低门槛高收入、挣钱快，还是想帮助更多想健身但又不太懂健身知识的人群？比如我现在是做大学教师，如果我产生职业倦怠，那么我当初为什么要做教师，我做教师的目的是什么？我当初做教师是为了教书育人桃李满天下，是为了实现自己的伟大理想，并且为国家做出一些贡献。那么到现在你产生私人教练职业倦怠是因为什么呢？是行业问题、体制问题还是个人问题？是不是还能够重拾初心？

第二，职业倦怠会导致职业枯竭，也会影响职业生涯的长短。其原因最主要是个人的心理情绪的问题，所以要从情绪方面来进行调节。那么当私人教练出现职业倦怠时，应尽可能找出在这份工作当中，可以做到的快乐或者如果说工作达成了，那么可以让私人教练获得的精神满足有哪些。如果说可以找到这方面的原因，那么对这个问题的解决应该是根本性的。比如，每天可以在非常棒的健身场所免费锻炼，还能有不错的收入；会员在自己的专业指导下达到减重瘦身重拾人生信心；体弱多病人群通过健身指导体质得到改善等。这些都是私人教练职业生涯中的高光时刻，也是当成终身事业坚持下去的动力。

第三，私人教练要对自己的职业生涯做好规划，不能因为其每一步的小插曲，就产生了巨大的反差，或者变化。其实健身行业对私人教练的需求很高，但教练的流动性很强，有做不下去被逼转型的，有非健身、非体育专业找不到工作临时培训上岗的，对自身能力认识不足和对行业前景预判不足造成了行业流动性，所以职业倦怠、职业枯竭也就成了常态，比其他行业也就更明显。因此，面对职业倦怠、职业枯竭，私人教练应该认真问问自己，到底想做什么？自己规划，要做什么？把这些问清楚了然后再去解决。比如大学毕业后，2 ～ 3 年的私人教练职业适应期，3 ～ 5 年的职业成长发展期，后期就是职业的长远稳定性。可以给自己定个小目标：30 岁之前在健身房攒经验和人气，储备技能知识和财力；30 岁之后可以尝试自己做老板，开私人健身工作室或与企业、政府（社区）合作，建立企业健身中心、社区服务健身中心；将私人教练作为一个长远的事业坚持下去。健身行业是一个朝阳行业，无论过去、现在还是将来，

人人需要健康，全民健身、全民健康是世界上任何一个国家发展的重要国民目标之一。

第四，保持健康的身体、积极的思想和行为，充分利用好时间。众所周知，健身私人教练的时间是不太自由的，别人工作的时候在工作，别人休息的时候也在工作。除了睡觉，有可能一天都处于工作状态，无法陪伴家人甚至没有业余时间。对于正值婚龄期的年轻教练们，甚至接触异性约会的时间都没有。所以工作影响到生活和家人也是私人教练离职的重要原因之一。因此，为了防范职业枯竭，应控制工作强度、合理安排好时间，让自己有足够的时间去做优先考虑的事。得到家人的支持也是职业发展的重要因素。同时也为自己留一些时间，每个人都需要时间为自己充电，只有保持学习的主动性、持续性、长期性，才能保持对健身行业的敏锐性和前沿性。

第五，把握现在，展望未来。健身产业是利国利民的朝阳产业。在后疫情时代，老百姓对健身的需求、对私人教练的需求将越来越多元化。改变私人教练的服务模式，借助互联网从以前的一对一线下服务到直播授课，服务的群体及工作时间都发生了很大变化，而带来的时间安排、工作效率、家人陪伴、收入等不会因为外部发生客观变化而影响职业倦怠和职业枯竭。尽管，现在的健身市场的行业监管等待规范和完善，但私人教练必须要看到随着国家对健身产业政策的大力扶持，未来无论是国家还是地方对健身房注册、私人教练从业资格、上岗培训、职业素养、技能再培训等都会加大行业监管和惩罚；教练和会员之间关系不透明、职业寿命短等问题都会得到很大改善，会让这个行业越来越规范，越来越持久长远。

第三节 私人教练的职业生涯规划

一、职业生涯

20 世纪 70 年代就有学者对职业生涯规划相关概念进行了具体阐述。最早的职业生涯规主要对工作关联的个人生活各个方面进行规划，但随着经济社会不断发展，职业生涯规划内涵也发生了深刻变化。哈林顿认为职业生涯是一种态度和行为结合体，是社会个体在工作过程中对工作相关的经验和活动的认知，进而产生对未来发展的一种态度。萨柏也对职业生涯概念进行了解读，他认为它是社会个体所从事的工作以及工作所扮演的角色。施恩认为职业生涯规划应该分为内职业生涯规划和外职业生涯规划，不同层次的职业生涯规划应该与个体实际相关联。虽然学者们对于职业生涯规划有不同见解，但总体来看多数学者都认为，职业生涯规划是一个动态过程，在整个职业生涯过程中每个阶段会有不同的特点，个体在职业生涯规划中可能会经历招聘、培训、提升、解聘、奖惩、退休等职业发展的每个阶段。职业生涯对于个体而言，反映的是个体职业生涯的整体状态，是一个人个体劳动过程的客观反映。

二、职业生涯规划

职业生涯规划也被称为职业规划，也有学者将其称为生涯规划。职业生涯规划是个体与组织相互结合的结果，它通过对个体职业生涯主客观条件的测评分析和总结，并结合个体的兴趣爱好能力和特征进行综合分析，在此基础上根据个体的职业倾向和时代特点，确定个体的最佳职业奋斗方向和目标，并为这一目标的实现做出具体有效的安排。

职业生涯规划是一项非常系统复杂工程，需要对主客体相关因素进行彻底分析之后，才能够明确个体未来职业发展目标，制订可行性的行动计划，在这一过程中既包括个体主导的自我职业生涯规划也包括组织层面相关支持，制定能够提升职工能力和管理水平的职业生涯规划。自我职业生涯规划主要包括主客观环境分析、认识自我个人目标确定，以及达成目标的相关措施等。职业生涯规划具有复杂性和长期性的特点，几乎贯穿每个劳动者的职业生涯始终，对于职业选择和完成职业生涯规划的各个环节都具有重要意义。职业生涯规划同时也具有动态性的特点，其不同时期、不同阶段对于健身私人教练而言都有其不同的境遇和特征，因此应该根据自身需要对职业生涯进行主动调整，更好地适应外部环境变化，从而谋求更好的发展。

三、职业生涯规划的原则

（一）长期性原则

规划一定要从长远考虑，着眼于大方向。

（二）挑战性原则

目标或措施要具有挑战性，目标选择要对自己起到内在的激励作用，完成计划要能够带来成就感。

（三）清晰性原则

考虑目标、措施要清晰、明确，实现目标的步骤要直截了当，各种安排要具体。

（四）可行性原则

要从事实出发，充分考虑到个人、社会和健身房环境的特点和需要，要与社会、健身房需求协调，各阶段的路线划分与措施安排要具体可行，不做不着边际的幻想。

（五）适时性原则

达到各种目标的行动安排、先后次序要做出明确的时间限制或标准，时间表足以作为日后行动检查的依据。

（六）适应性原则

目标或措施要有弹性或缓冲性，要能随着环境的变化而做出调整。

（七）持续性原则

人生的各个发展阶段应该持续连贯地衔接，做规划也应考虑到生涯发展的整个历程，做全程的考虑。各具体规划与人生总规划要一致，主要目标与分目标也要一致。

四、职业生涯规划要素、标准及误区

（一）职业生涯规划要素

私人教练职业生涯规划具有明显的个性化特征，不同的私人教练在做其职业生涯规划时，所考虑的因素也有所不同。总体说来，一些因素是必须考虑的，如对自我的全面认识、对外部环境的评估、个人目标的抉择以及落实目标的措施安排等，这些因素就是私人教练职业生涯规划的基本要素。

我国人事科学研究者罗双平用一个精辟的公式总结出了职业生涯规划的三大要素，即职业生涯规划 = 知己 + 知彼 + 抉择。

在私人教练职业生涯规划中，所谓“知己”就是自我认识与自我了解。“知彼”就是熟悉周围的环境，特别是与健身教练职业发展有关的工作环境。知己知彼相互关联，确定的私人教练的个人生涯目标要符合现实，而不是一厢情愿；对从事的健身与健美事业要感兴趣，而不是被动地去做；所从事的健身服务工作能发挥专长，发挥了个人的强项；对私人教练工作的环境能够适应，而不是感到处处困难、难以生存。做到以上几条就说明私人教练的职业生涯规划不仅做到了“知己”“知彼”，还做出了正确的“抉择”。

罗双平展示了“知己”“知彼”和“抉择”三大要素间的关系与具体内容，

如图 4-3-1 所示。

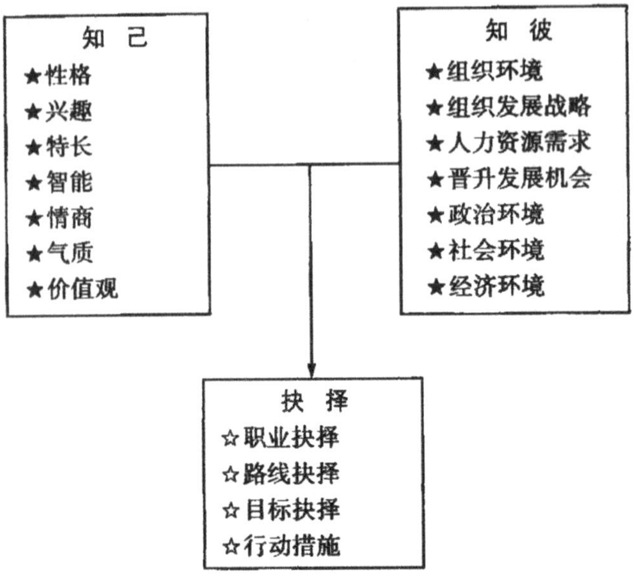

图 4-3-1 “知己”“知彼”和“抉择”三大要素间的关系与具体内容

一个完整有效的私人教练职业生涯规划应包括自我评价、外部环境分析、目标确立、实施策略和反馈评估五个环节，且每个环节都要设计具体内容。

（二）职业生涯规划标准及误区

1. 职业生涯规划标准

对于私人教练来说，什么样的规划才是一个好的职业发展规划？其需重点要把握好以下几点。

①要表明个人对提高实践的需要，但是这些一定要与会员、健身房、地区的需要紧密联系起来。

②要集中把提高会员健康水平作为私人教练职业发展的总目标，并把私人教练的目标与已知的健身房会员的基本需要结合起来。

③要反映健身房、地区或政府全民健身的主动性。

④要把反思作为私人教练个人学习和发展的一部分。

⑤要包括私人教练职业发展活动的有关证明。

⑥要以《全民健身计划（2021—2025 年）》的精神和健身教练专业发展方针为指导，制定和实施个人学习目标。

2. 职业生涯规划五大误区

误区一：能做好下属就能做好领导。

有人认为，只要把本职工作做好，就可以胜任领导岗位，其实不然。优秀的健美运动员不一定是好的私人教练，一些表现优异的私人教练升任技术总监或总教练后却表现不佳，这是因为现代健身房的领导还需要专业工作以外的条件，如决策能力、协调能力、领导能力等。所以在健身房某个职位做得好，并不表明在其他职位也会做得好。

误区二：做健身课程计划是健身房教学培训部的事，与教练无关。

健身课程计划是健身房教学培训部和私人教练个人双方都参与的事，最终的实现者是私人教练本人。因此，私人教练不能抱着做一天和尚撞一天钟的态度来对待自己的未来（将自己的一切交给别人）。

误区三：由领导决定升迁的快慢。

如果过于迷信领导对升迁的影响，私人教练会因为迎合他的好恶而妨碍自己真正的发展，看不清自己的问题，这样会使私人教练走入歧途（以为一切是给别人做事）。

误区四：不管事大、事小，都要尽力去做。

有些私人教练总说自己忙，老有干不完的活。由于事无巨细，浪费了很多时间和精力，应该将要做的事做好计划，分清轻重缓急，要抓住主要矛盾，不要芝麻西瓜一把抓。

误区五：这山望着那山高。

有些私人教练存在着这山望着那山高的心态，总是觉得别人的工作更理想，因此产生跳槽的想法，而没有想到，到了新的工作岗位要建立新的人际关系，面对新的矛盾和挑战，不管什么工作都是不容易的。因此，要客观分析自己的工作，要有现实的态度。

五、职业生涯成功的要素

（一）自信

要想做一名优秀健身私人教练或健身房的管理者，首先要一心想成为成功者，明白人生掌握在自己手中的道理，一定要有坚定的意志和信念，这是成功的先决条件。

（二）目标

既要确定总目标，又要确定达到总目标的步步为营的具体目标。人生就是要不断打破现状，追求超越。一名健身私人教练的职业人生尤其如此，必须瞄准顶峰目标，步步攀登，方可抵达巅峰。

（三）行动

行动是一名健身私人教练获取职业成功的关键。如果不付诸行动，所谓信心、目标只是空谈。以下是一名健身私人教练取得职业成功的必要活动。

第一，积极主动、坚持不懈，保持旺盛激情。私人教练不能坐等成功，必须付出极大的努力和汗水，始终充满信心和热情，锲而不舍，积极主动争取成功，脚踏实地采取可行步骤去发现，去把握，去争取，甚至去创造。

第二，适应形势与环境，不断有所创新。客观形势与环境，是健身私人教练个人职业成功重要的影响和制约因素。健身私人教练个人面对经济政治形势、政策制度等大环境自然无能为力，但是可以不为其所左右，应当适应环境要求与变化，以自己的想法、新的生活、新的活动作为催化剂，继续个人的职业成长。与此同时，将自己周围的小环境，变不利为有利。

第三，把握机遇，有助于职业成功。在健身私人教练的职业人生中，一般会出现几次转折关头或几次大的考验，这正是争取个人职业成功的机遇。私人教练要善于把握机遇，创造机遇，发现和挖掘机遇。

第四，有超前眼光。从某种意义上来讲，超前眼光可谓私人教练职业生涯成功的关键因素之一。

第五，善于利用时间。关于时间的运用，私人教练可以将其细分为两个方面。第一，自身时间的分配与利用。私人教练需要通过不断学习和实践来提升自身水平，所以要善于利用时间，将时间效率最大化，不断提升自我水平。第二，私人教练要善于规划学员的时间，通过合理的时间规划，让学员在最短的时间内获得健身收益。

第五章　私人教练职业发展的策略

本章节主要从推进健身市场法制化进程、推广国家职业资格的应用、促进高校资源最大化利用、提高私人教练工作积极性四个方面进行论述。

第一节　推进健身市场法制化进程

（一）规范健身私人教练的上岗制度

《国家职业技能标准——社会体育指导员（2020 年版）》中规定健身教练必须持有相关的资格证书。但是目前全国各健身俱乐部都存在部分健身私人教练无证上岗的情况，这表明对健身私人教练的执业监督存在漏洞。所以政府必须建立完善的监督体系，明确对健身私人教练持证上岗的要求，并加大对聘用无证的健身私人教练的用人单位的惩戒力度，在健身行业营造遵纪守法的良好氛围。在保证健身私人教练持证上岗的同时，也要加强对在岗的健身私人教练的监督，对在岗的健身私人教练定期进行审查和资格评估，采取升降级的方式来提高健身私人教练的进取意识，提高其自主学习的主动性。

（二）规范健身私人教练培训制度

当前我国的健身私人教练培训制度与美国、加拿大等国家相比还有较大的差距，在健身私人教练的培训方面可以借鉴这些国家的经验。可以根据报名者的学历程度进行分类培训，通过不同专业程度的考试来考取相应的资格证书，确保培训的质量，明文规定一种证书只能代表一个项目。由政府组织考察团对国内常见的培训机构进行培训质量考核认证，从而划分等级，取缔滥竽充数的培训机构，规划健身私人教练的培训市场，保证培训的质量。

（三）健身俱乐部要制度化管理

健身俱乐部管理者在招聘录用、业绩评价和日常行为规范等方面都要建立完善的企业制度，并严格执行。

在招聘录用方面，要提高用人标准，做到对健身私人教练的招聘“有学历、有资质、有素养”的三要求，从源头抓起，杜绝出现健身私人教练无证上岗的情况。

在业绩评价方面，健身俱乐部要加强对健身私人教练的要求，可以通过业绩和专业能力相结合为评价标准的定期考核的形式来对健身私人教练进行等级划分，并建立奖惩制度，优先向会员推荐等级优秀的健身私人教练，从外部加强健身私人教练的自我学习意志。

在日常行为规范方面，要对在岗的健身私人教练的工作加强监督。在课上，对其课程计划、上课方式和服务态度进行监督，杜绝出现在私教课上私人教练做出打电话、玩手机等与课程内容无关的事情。在课下，要求健身私人教练要有良好的职业情操，尊重会员。这样不仅可以提升健身俱乐部健身私人教练的整体水平，提升企业形象，也可以在健身私人教练内部形成良好的竞争意识。

（四）规范健身私人教练行业的管理

向政府申报健身方面的专业，成立健身学院，各大健身企业参与，共同培养标准化技术，成立一个整体体育产业化、以健身为主的人才培养基地，进行专业有效的定性与定位；打造健身行业协会机制，由政府牵头将与健身相关的企业、健身房、培训机构，以协会形式组成健身协会，共同打造一个平台，进行资源整合，共同打造市场认可的培养机制，以国家健身教练职业资格为蓝本，进行适合我国市场的人才培训，培养的人才能被各大健身房使用，技术输出方也能被各省市健身机构认可。

第二节　推广国家职业资格的应用

在健身教练国家职业资格培训课程规范基础上，适当增加培训周期，增加理论知识考核难度，操作技能考核要融入模拟工作场景，注重销售能力和急救能力的培训，提高体能考核各项成绩要求。在各省体育局的督导下，每一个培训基地要秉承对健身市场负责的态度认真培养每一位准私人教练，考评鉴定人员严格执行各项评分标准。

与此同时，政府对于健身市场要改变“放养”模式，加大对健身市场发展的支持，使相关负责部门对成立的健身健美协会提供支持，规划并支持健身健美协会定期举办相关专业知识的理论考核以及实践经验比赛，并在健身私人教练比赛获胜后给予一定称号，激发我国健身私人教练再学习动力，促进其综合素质发展。政府要给健身私人教练职业合法定义，使行业认证有人来管理，国家职业资格认证能在全国通用，使健身私人教练能感觉到其有一定的社会地位，有存在的价值感。政府与俱乐部共同给健身私人教练做规划：一是专业化发展，使健身私人教练能有等级区分，就如同学校的教师评职称一样，工资薪酬可根据等级来分配；二是管理岗位，培养管理人员，改善俱乐部运营状况，并对健身私人教练队伍进行规范管理。

第三节　促进高校资源最大化利用

高校在人才培养方面可以更加契合健身市场对私人教练的需求，在体育专业中增加健身教练的课程设置，整合高校优质的教育资源，在长期的理论知识教育基础上，增加健身教练职业实践操作能力的课程比重，这样可以为健身市场输送更多高学历且有深厚体育背景的优质人才，同时又拓宽了高校毕业生就业发展方向，提升了私人教练队伍的专业素质。

（一）与高校合作，建立人才培养体系

当前我国健身私人教练的来源途径多样，造成了健身私人教练的水平高低不一，也加大了行业管理难度。为此为了推动私人教练职业发展的规范性，可以加强企业与高校的合作，建立完善的人才培养体系。例如，重庆邮电大学体育学院与海派健身开启的校企合作——“海派班”。“海派班”从大一开始定期定向培养，每学期到海派各门店实践实习，未来可以直接签约就业，没有试用期，而且在学生阶段学生实践的时候还有补贴收入。通过校企合作的方式，不仅提升了学生的理论知识，同时也提升了学生的实践水平，拓宽了高校毕业生的就业渠道，可以缓解大学生就业压力。

（二）提高自主学习能力和终身学习意识

健身私人教练要想成为行业内的佼佼者就必须要有强于他人的自我学习能力。在实践中不断地进行反思和总结，认识自己的不足，通过高校优质教学资源和不断学习来提升自我的专业水平和教学能力。此外，健身私人教练也可以积极参加各类的健身比赛和高校交流会，因为通过比赛和高校交流会可以认识到更多的优秀同行，学习他们的长处，同时也可以拓宽自己的视野和职业发展道路，并且通过比赛获得名次可以极大地增强自己的自信心和兴趣，更重要的是可以提升自己在行业中的权威度和名誉度。同时健身私人教练不能只局限于

本行业知识的学习，否则会造成知识面狭窄，缺乏创造性。所以在学习本行业知识的同时要做到博览群书，扩大知识面。健身行业在快速发展，各种新的健身理念和训练方法不断涌现，且健身市场的动态也日新月异。所以健身私人教练必须牢牢抓住健身市场发展的风向标，树立终身学习的意识，可以通过互联网学习了解最新的健身理念和训练方法，做到与时俱进。

第四节　提高私人教练工作积极性

（一）加强岗前和在岗培训

健身俱乐部应增加物质和精神的奖励并进一步完善薪资体系，提高基本保障，增强职业稳定感，尝试多样的奖励策略以激发私人教练的工作激情。在职业发展的过程中难免会遇到疲倦期，通过丰富的激励政策可以激发私人教练无限的工作能力，并顺利度过职业发展困境，如岗前培训和在岗培训等。

岗前培训是指对新进入企业的员工进行的基础性、全面性的培训。健身俱乐部可以对健身私人教练应聘者在岗前培训第一环节对其的专业能力和职业素养进行考核，并以此作为依据来判断该人是否有足够的能力胜任健身私人教练这一职业。对于能力不足或者职业素养不够的俱乐部管理者则可以考虑是否录用，对于通过考核的有能力和有素养的应聘者，在专业技能、营销能力和服务能力上可以进行针对的培训，同时向应聘者传递本健身俱乐部会员的具体情况，如分析俱乐部会员的锻炼习惯、普通会员与私教会员的比例、会员的整体经济能力等，使健身私人教练在正式上岗前就做好充足的准备。

在岗培训是指对已上岗的健身私人教练进行的适应性和针对性训练。俱乐部管理者要充分履行领导与管理职责，注重提升员工的综合素质。教练经理可以采用定期的内部培训形式，由每一位健身私人教练轮流担任培训师的角色，可以讲述自己对训练方法或训练动作的理解和运用，或者是自己优势比较突出的地方，包括专业能力、营销能力或者服务能力等；也可以相互探讨在平时的工作中所遇到的问题，通过相互之间的交流来解决问题。这不仅可以有效地提高健身私人教练的职业能力，也能够建立和培养良好的同事关系。

（二）认清私人教练行业趋势，树立良好的职业发展目标

国外健身行业发展较早，健身私人教练在国外是热门职业，属于中产阶级。在国内，由于健身行业起步较晚，健身私人教练的社会还不是很高，但是

却已经成了高薪职业的代表。从成都某健身俱乐部一单私教课成交额 68 万元到广州某健身俱乐部三个月私教课预售额高达亿元，说明越来越多的人会选择购买私教课程。同时国家对健康行业发展的大力支持，更是为私人教练行业的发展提供了强有力的保障。随着我国经济发展水平的提升，大部分居民有足够的经济能力购买私教课程，这对国内的健身私人教练来说是最大的优势。因此国内健身私人教练要明确自己的职业发展目标，对自己的职业生涯进行合理规划。

参 考 文 献

[1] 孔睿. 广州市商业性健身俱乐部健身私人教练职业压力特征及应对策略研究 [J]. 商讯，2020（35）：10-12.

[2] 白晨旭. 山西省高校新区健身房私人教练现状调研 [J]. 安徽体育科技，2019（5）：58-61.

[3] 江栏，姜宇. 女性私人教练在健身俱乐部中的现状及前景分析 [J]. 当代体育科技，2019（26）：236-237.

[4] 王之春，贾远清. 合肥市健身场馆私人教练现状研究 [J]. 佛山科学技术学院学报（自然科学版），2019，37（5）：77-80.

[5] 黄玲玲. 阳新城区健身教练资质的调研 [J]. 当代体育科技，2019（5）：185-187.

[6] 陈金鳌，相建华，周耀军，等. 女性私人教练群体发展影响因素与对策 [J]. 安徽体育科技，2018（6）：1-4.

[7] 陶娴婷，黄银飞. 基于胜任力模型的健身私人教练人才选拔机制研究：以无锡本色健身公司为例 [J]. 企业改革与管理，2018（24）：49-51.

[8] 赵东勇，徐峰. 皖北城市健身俱乐部私人教练发展现状与对策：以蚌埠市为例 [J]. 赤峰学院学报（自然科学版），2018（6）：131-133.

[9] 杨福艳. 中国健身俱乐部健身私人教练发展现状及对策研究——以辽宁省葫芦岛市为例 [J]. 当代体育科技，2018（2）：253-254.

[10] 黄继章，宋福杰. 高职培养具有“工匠精神”的高技能健身私人教练实践探索 [J]. 体育科技文献通报，2017（8）：13-14.

[11] 程路明，相建华. 健美健身行业的职业培训现状及对策研究 [J]. 浙江体育科学，2017（4）：13-18.

[12] 吴焕玺. 关于健身俱乐部私人教练素质调查与发展趋势的研究：以贵阳市南明区为例 [J]. 凯里学院学报，2017（3）：127-130.

[13] 王喜红. 健身私人教练职业道德能力影响因素调查与研究：以福州市健身俱乐部为例 [J]. 福建体育科技，2017，36（3）：16-18.

[14] 智瑞腾，陈晴．武汉市私人教练现状的调查研究［J］．体育世界（学术版），2017（1）：31-32．
[15] 王京琼．长沙市健身俱乐部体适能私人教练现状调查与分析［J］．湖南第一师范学院学报，2016（5）：102-108．
[16] 杨斌，李勤，欧阳志萍，等．我国私人教练培养模式与培训市场的研究［J］．青少年体育，2016（2）：120-122．
[17] 王正霞．健身俱乐部私人教练市场需求对体育专业人才培养启示［J］．河南师范大学学报（自然科学版），2015（5）：184-188．
[18] 张红．苏北地区健身私人教练现状的调查与分析［J］．体育科技，2015（4）：109-111．
[19] 赵犇．我国健身私人教练培训现状及对策研究［J］．体育科学研究，2014，18（2）：57-61．
[20] 陈灿．广州市健身私人教练职业素质现状调查与分析［J］．当代体育科技，2014（3）：141-142．
[21] 安磊．健身俱乐部私人教练专业能力对顾客满意度和顾客忠诚度的影响［J］．体育学刊，2013，20（6）：44-46．
[22] 张宇，施亦男．商业健身场所私人教练职业素质评价指标体系［J］．经营与管理，2013（3）：128-131．
[23] 侯亚丽，孙苗苗．浅谈健身教练职业生涯设计的研究［J］．河北企业，2013（1）：68-69．
[24] 焦智伟．体育院校健身私教培养现状与对策研究：以部分体育院校本科专业为例［D］．上海：上海体育学院，2020．
[25] 郑泽帅．健身私人教练职业生涯规划特征与影响因素研究：以大同市城区为例［D］．临汾：山西师范大学，2019．
[26] 贾瑞红．健身私人教练职业倦怠现象与职业规划研究：以重庆市区为例［D］．重庆：西南大学，2017．
[27] 高雯雯．南京市体育健身俱乐部教练员激励机制研究［D］．南京：南京师范大学，2012．